醉美乡村

难忘的景致·感动的旅行

118个四川最私房的景点

《醉美乡村》编采组 编著

中国旅游出版社

醉美乡村 目录 CONTENTS

回归乡土，在田野里看满天繁星

中国人自古以来就有对田园生活的向往和追求，“春赏花、夏耕耘、秋摘果、冬随俗”向来就为文人墨客所向往。南宋著名诗人陆游在广安写下的《岳池农家》中这样赞美农家生活：“农家农家乐复乐，不与市朝争夺恶”；陶渊明在《归园田居》中描绘的“晨兴理荒秽，带月荷锄归”的生活方式也成了他用一生寻找桃花源的缩影。

如今城市化的加速发展朦胧了很多人儿时记忆中的乡村星空，越来越快的社会生活节奏和脱离自然的水泥森林让我们和孩子们越来越远离自然的怀抱，远离那雨后空气中尘土的清香。于是回归自然、回归田园的心思便渐渐在每个城市人的脑海中萌芽、滋长起来。

四川拥有广袤的乡村田野和丰富的历史文化景观，中国乡村旅游的重要形式“农家乐”就起源于成都市郫县农科村，作为城市居民的旅游需求和郊区农业、农村资源相互作用、相互适应以及政府积极引导的结果，“农家乐”是农民在发展农村经济过程中摸索出的一条新路子，也是成都农民的重大创举。

打开谷歌地图，我们会发现四川山脉众多，山地地形占了全省面积的一半，盆地边缘多山，山势陡峻，发源于盆地边缘山地的河谷大多为“V”形谷，岭谷高差超过500米，而且地表崎岖，故历史上就有“蜀道难，难于上青天”之说。山脊海拔大多在2000~3000米，西北部与西部甚至超过3000米，如龙门山4984米、小相岭4791米，其中峨眉山高3099米，山势巍峨秀丽，为中国四大佛教名山之一。北缘米仓山、大巴山近东西走向，是著名的秦巴山地南翼部分，海拔一般在1500~2200米之间，山势雄伟，山坡陡峭，沟谷深切，相对高差可达500~1000米；南边大娄山属于气势磅礴的云贵高原的一部分；东边的巫山幽深秀丽擅奇天下，峡深谷长迂回曲折，华蓥山最高峰高登山海拔1740.1米，也是四川盆地底部的最高峰。

多样的地形带来了多样的气候，四川盆地属于亚热带季风气候，雨热同期，四季分明，于是盆地四季均有美丽的景观。春天梨花、油菜花、桃花等肆意开放；到了夏天，盆地内的众多森林便成了避暑消热的好去处，而闲适的四川人往往在此时寻一农家，泡上茶，摆上一桌麻将，在稀里哗啦的麻将声中度过整个夏天；秋天则是丰收的季节，都江堰成就了天府之国，这片土地也多次孕育或挽救了中国的命运，汉、唐、近代中国均如此；到了冬天，盆地周边的山上如西岭雪山、瓦屋山、峨眉山都是可以享受雪的地方，在这里完全不用担心被冻伤，那些雪地下幽幽的青绿便是最好的明证。

四川西部属于青藏高原，于是在四川又能看到另一种风情。雪宝顶、贡嘎山、亚拉雪山、雀儿山、三神山等雪山与草原共存。在高原的夏季，草原上的各种野花努力抓住短暂的时光，展现它们最美的一面。

神奇不仅如此，将视线移向川南，一条巨大的裂谷仿佛是大地的伤口，这里便是世界第二大断裂谷——攀西断裂谷，这里是典型的干热河谷，瓜果和生态农业极具特色。

气候和地形的多样性，造就了四川 48.5 万平方公里土地上多种多样的民族风情，盆地内的汉族、川西高原上的康巴藏族、横断山区的彝族及川北的羌族，多种民族文化在这片土地上交融，于是“茶马古道”、“南方丝绸之路”就在各种因素的影响下应运而生。

随着交通的发展，昔日古道上的马夫早已不在，留下那些曾经极尽繁荣的古镇让我们造访，我们也更为方便地走进从前不易接近的世界。于是夏天到川西高原上避暑、冬天到攀西地区沐浴阳光，便成了今日旅游的时尚，人们热衷于逃离城市、走进乡土世界中，重回自然的怀抱。

垂钓、采摘、吃农家饭等活动，让人重拾被城市丢弃了的轻松和自由。进行一次心灵的旅行其实很简单，就是走出去，在田野里看满天繁星。

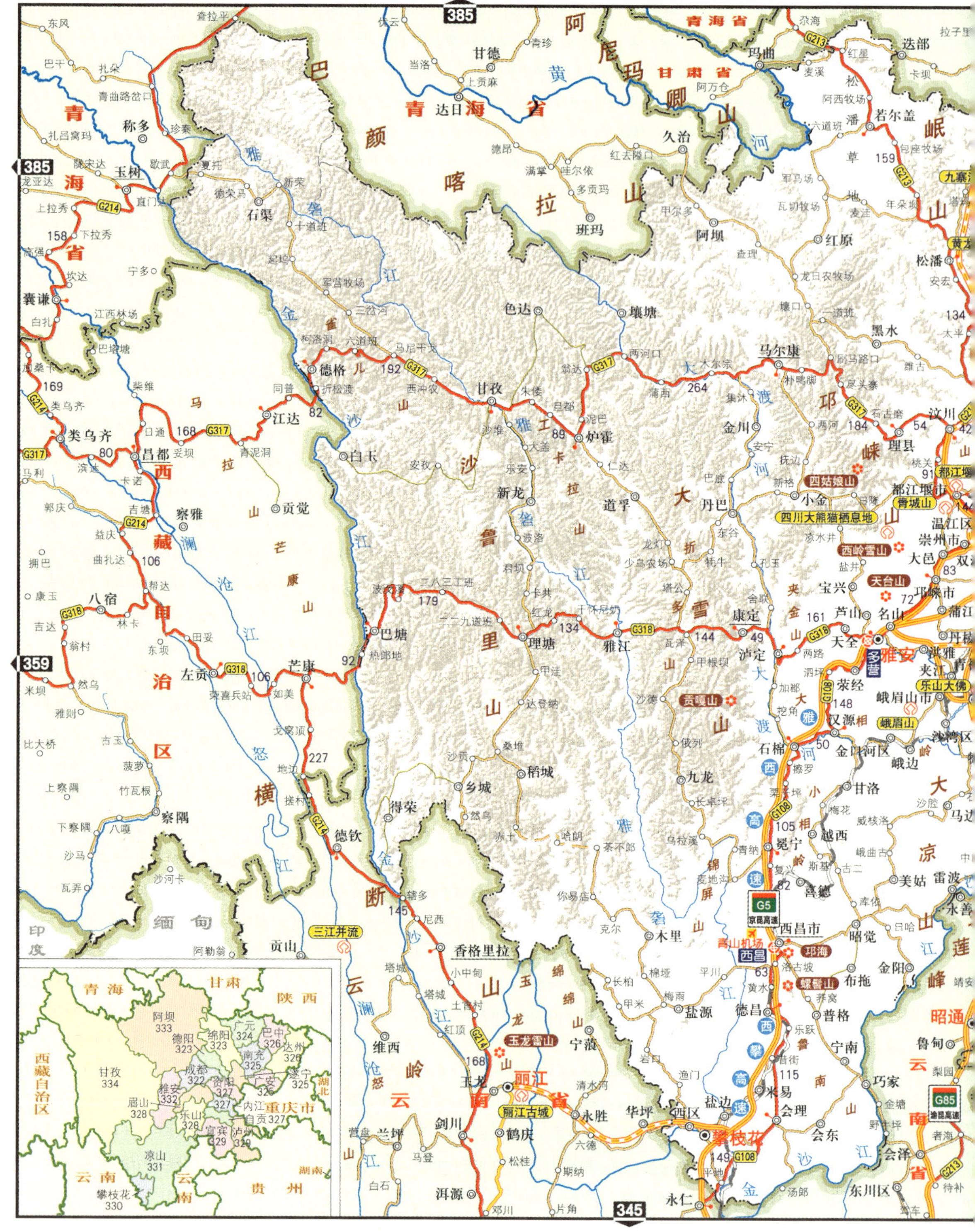
385
385
359
345
青海省
甘肃省
青海省
巴颜喀拉山
阿尼玛卿山
黄河
岷山
邛崃山
大渡河
大雪山
雅砻江
金沙江
澜沧江
怒江
沙鲁里山
宁静山
芒康山
他念他翁山
横断山
西藏自治区
云南省
云岭
玉龙雪山
锦屏山
大凉山
小相岭
鲁南山
绵绵山
缅甸
印度
东风
查拉坪
伏云
尕海
拉子里
巴干
扎朵
青曲路岔口
称多
珍秦
扎吕窝玛
隆宋达
玉树
歇武
龙亚达
夏托
上拉秀
直门达
下拉秀
高强
宁多
坎达
囊谦
白扎
江西林场
巴塔塘
加桑卡
类乌齐
同普
江达
日通
昌都
妥坝
青泥洞
察雅
贡觉
吉塘
马利
郭庆
益庆
曲扎达
拥巴
帮达
八宿
康玉
吉达
林卡
翁村
田妥
东坝
左贡
荣喜兵站
如美
芒康
米坝
然乌
雅则
戈宫顶
古玉
比大桥
菠萝
竹瓦根
地边
上察隅
察隅
下察隅
八嘎
沙马
瓦弄
沙河卡
阿勒翁
贡山
德钦
盐井
甘德
青珍
当洛
上贡麻
达日
德昂
满掌
哇尔依
多贡玛
红土隘口
久治
班玛
石渠
新荣
德荣马
十道班
起坞
军营牧场
三岔河
柯洛洞
六道班
马尼干戈
德格
折松渡
西冲农
甘孜
朱倭
旦都
泥巴
炉霍
白玉
大盖
乐安
新龙
色达
壤塘
翁达
西河口
大水宗
马尔康
甲尔多
阿坝
查理
红原
龙日农牧场
壤口
一道班
刷马路口
尽头寨
黑水
维古
蒲西
集沐
金川
安宁
巴底
丹巴
道孚
仁达
新格
小金
日隆
龙灯
东谷
少乌农场
牦牛
塔公
二八三工班
波密寨
卡共
红龙
干海尼奶
雅江
二二九道班
理塘
巴塘
热郎地
康定
瓦泽
甲根坝
泸定
甲洼
沙德
贡嘎山
达登纳
桑堆
沙贡
稻城
俄列
九龙
长卓坪
乡城
得荣
然乌
赤土
哈朗
茶不郎
乌拉溪
青纳
麦地沟
你易店
克尔
木里
三江并流
香格里拉
奔子栏
尼西
塔城
小中甸
土官村
维西
红顶
宁蒗
玉龙
丽江
丽江古城
永胜
清水河
华坪
西区
剑川
鹤庆
松桂
兰坪
营盘
马登
白石
洱源
邓川
片角
期纳
六德
永仁
平地
攀枝花
盐边
渔门
米易
会理
会东
汤郎
盐源
长柏
甲米
梅雨
棉垭
平川
黄水
德昌
乐跃
普格
宁南
巧家
东川区
金塘
野牛坪
会泽
待补
者海
鲁甸
梨园
昭通
乐西
西昌市
青山机场
西昌
邛海
螺髻山
洛古坡
养窝
昭觉
金阳
布拖
日哈
冕宁
复兴
喜德
越西
斯基
古二
美姑
雷波
库依
峨曲古
威核洛
沙陀
马边
甘洛
擦罗
栗子坪
石棉
汉源
金口河区
峨边
沙湾区
峨眉山市
峨眉山
乐山大佛
荥经
挖角
加郡
酒坪
两路
天全
雅安
多营
夹江
洪雅
名山
芦山
宝兴
邛崃市
大邑
崇州市
天台山
西岭雪山
盐井
凉水井
温江区
四川大熊猫栖息地
四姑娘山
都江堰市
青城山
桃关
理县
汶川
两河
朴鸭脚
石古磨
抚边
蒲江
丹棱
迭部
红星
卡坝
松
潘
草
地
麦溪
阿万仓
玛曲
若尔盖
阿西牧场
六道班
包座牧场
年朵坝
军马场
瓦切牧场
麦洼
松潘
安宏
太平
九寨沟
黄龙
G213
G214
G317
G318
G108
G5
京昆高速
G85
渝昆高速
158
169
168
80
106
82
192
264
89
184
54
134
42
91
144
179
134
144
49
161
72
83
92
106
227
145
168
148
50
105
82
63
115
149
159
西藏自治区
青海
甘肃
陕西
阿坝 333
德阳 323
绵阳 323
广元 324
巴中 326
达州 326
南充 325
甘孜 334
成都 322
遂宁 325
雅安 332
资阳 327
广安 326
眉山 328
内江 327
重庆市
乐山 328
自贡 327
宜宾 329
泸州 329
凉山 331
云南
攀枝花 330
贵州
湖南
湖北
云南

376
363
310
239
336
礼县
西和
两当
凤县
成县
徽县
留坝
太白
周至
户县
长安区
蓝田
柞水
镇安
旬阳
陇南
康县
略阳
勉县
洋县
城固
汉中
南郑
西乡
石泉
汉阴
安康
宁强
文县
镇巴
紫阳
岚皋
平利
广元
利州区
元坝区
朝天区
剑阁
青川
旺苍
南江
巴中
通江
万源市
城口
平昌
宣汉
达州
达县
开县
云阳
奉节
巫溪
江油市
梓潼
绵阳
三台
盐亭
南部
阆中市
仪陇
营山
蓬安
西充
南充
蓬溪
射洪
遂宁
大英
安居区
岳池
广安
武胜
邻水
大竹
渠县
梁平
万州区
万州
忠县
石柱
利川市
恩施市
德阳
中江
金堂
简阳市
乐至
资阳
安岳
资中
内江
威远
自贡
荣昌
大足石刻
铜梁
合川区
北碚区
渝北区
璧山
永川区
重庆
巴南区
南川区
涪陵区
丰都
武隆
彭水
黔江区
酉阳
秀山
江津区
綦江区
泸州
合江
纳溪区
宜宾
长宁
珙县
兴文
叙永
古蔺
赤水市
习水
桐梓
道真
正安
务川
沿河
德江
思南
印江
铜仁
绥阳
遵义
仁怀市
金沙
毕节
大方
黔西
息烽
开阳
瓮安
余庆
石阡
镇远
施秉
黄平
凯里市
福泉市
修文
贵阳
清镇市
平坝
贵定
麻江
雷山
丹寨
都匀市
剑河
台江
三穗
锦屏
黎平
榕江
三都
安顺
六盘水
织金
纳雍
水城
普定
镇宁
关岭
惠水
长顺
花溪区
龙里
威信
镇雄
赫章
秦岭
大巴山
大娄山
苗岭
陕西省
湖北省
贵州省
湖南省
广西壮族自治区
G5 京昆高速
G42 沪蓉高速
G65 包茂高速
G75 兰海高速
G76 厦蓉高速
G85 渝昆高速
G93 成渝环线高速
G60 沪昆高速

四川省全图

乡村聚落 诗画的山水田园

走进大山造访绝美村庄

四川是一个多民族省份，汉、藏、彝、羌以及其他的少数民族在历史的长河中创造了灿烂的文化，养成了独具特色的民族习惯。走进盆地、走进大山体验这些至今还保持着独特气质的村落，去感受这些乡村独有的美丽，亲近自然。大地母亲从来都不会放弃任何一个孩子，走访过这些村庄聚落后，将更深刻地感受到自然、大地母亲的慈爱和博大。

农科村

农家乐的发源地

农科村是川西平原上的一颗明珠，以它特有的魅力，赢得了“鲜花盛开的村庄”、“没有围墙的公园”等美誉。独具川西平原特色的农家四合院、典雅别致的小康住宅楼，在红花绿叶的掩映中更显清丽脱俗，风格别具。农科村是四川乃至中国乡村旅游的发源地，如今这里苗木花卉种植面积达 300 余亩（包括庭院），花卉品种以金弹子、银杏、桂花、海棠、榕树为主，多种盆景造型各具特色，各种高档次木本、草本花卉随处可见。在宽敞、舒适的四合院、楼房内挂有字画，其中不乏名人手迹。闲来品茗赏花、看书下棋，自得其乐。城里人来农科村旅游，可饱尝农家风味佳肴，接受自然风景熏陶，返璞归真，回归自然，其乐融融。

交通：自成都茶店子公交站搭乘直达农科村的 716 路公交（票价 5 元／人）
美食：手磨豆花、九斗碗、草原土猪系列、龙凤汤、腌熏野味
住宿：静香园可提供餐饮和住宿，电话：（028）87961059
特产：郫县豆瓣、杨德怀萝卜干、兰草盆景

交通：自成都梁家巷汽车站搭乘直达仪陇县的大巴（票价 98 元／人）
美食：推荐以下餐馆品尝美食，清河大酒楼，地址：马鞍镇，电话：（0817）7555101；帝都酒家，地址：马鞍镇，电话：（0817）7555717
住宿：花园酒店，地址：仪陇县新政镇南北中心大道中段，电话：（0817）7217777；朝阳大酒店，地址：仪陇县新政镇漕田街中段，电话：（0817）7898888
特产：哈哥兔肉、银明黄酒、酱瓜

南充仪陇丁家大院

最后的孤独

丁氏庄园是客家后裔丁邱南、丁邱毓、丁邱玉、丁邱珍四兄弟主持修建的，从 1906 年动工到 1925 年竣工，施工时间长达 18 年。丁氏庄园占地面积达 6800 平方米，建筑面积为 3800 平方米，集居住与防卫于一体，规模宏大，闻名川北，在民国时期号称“川北第一庄”。客学专家称其为“最后的孤独”，因为这样完整的客家民居，特别是仪陇客家民居已屈指可数，又因其保存完整，堪称川北客家民俗博物馆。丁氏庄园坐北朝南，一楼一底，整座庄园为土木群体建筑。作为土木结构的民居，丁氏庄园的木材用料均选伐自琳琅山上的楠柏之木，内花园四周共有庭柱 14 根，直径均在 0.5 米以上，平均高度为 10 米，比普通的立柱大一倍，每根庭柱上都有木刻龙头，栩栩如生。整座庄园没有一钉一铆，全靠斗拱大梁立柱，纵横交错，相互连接，完整而坚固。

硗碛藏寨

高原山脊

交通：自成都石羊车站搭乘直达宝兴的大巴（票价 65 元／人），再从宝兴转乘班车到硗碛（票价 15 元／人）

美食：硗碛牛肉

住宿：硗碛住宿条件一般，建议到宝兴住宿，推荐夹金山大酒店，地址：宝兴县穆坪镇沿江路 38 号，电话：(0835) 6823535

特产：宝兴贡砚、牦牛肉

“硗碛”为藏语汉译，原意为“高寒山脊”，硗碛是距离成都最近的少数民族乡，平均海拔 2500 米以上，面积 880 多平方公里，仅 5000 余人。走进硗碛，可以见到别具一格的藏族民居锅庄楼、浓香飘溢的酥油茶、独具特色的藏族服饰……绚丽多彩的藏乡风情、勤劳朴实的藏族同胞，共同构成亮丽的人文风景。

硗碛藏族同胞与甘孜、阿坝藏族同胞的身材、体态、脸形轮廓都有所不同，其民风民俗也具有地方特色。村寨、建筑、服饰、餐饮、语言、文化、歌舞、节庆、礼仪、宗教等都别具一格，具有民族过渡地区的显著特征。硗碛藏族同胞有自己的语言，但没有文字，他们独特的服饰其既不同于其他藏区的“袒半肩”，也有别于彝族、羌族的服饰。

甲居藏寨

中国最美的村落

“甲居”在藏语中是“百户人家”之意，甲居藏寨位于四川甘孜州丹巴县境内，距县城约 8 公里，藏寨面积约 5 平方公里，居住着 140 余户嘉绒藏族，藏寨从大金河谷层层叠叠向上攀缘，一直伸延到卡帕玛群峰脚下。

丹巴藏寨与碉楼在建筑风格上一脉相承，是嘉绒山寨中最具特色的建筑。丹巴藏寨的墙体与碉楼一样，都用石头砌成，但一般仅 3~4 层，底层是仓库和圈养牲畜的地方，2 层为客厅、厨房和灶台，3 层为卧室，顶层常设为经堂。所有顶层外沿都涂有黄、黑、白 3 种颜色，这也是嘉绒藏寨的一大特征。

放眼望去，卡帕玛群峰像一位慈母敞开宽大温柔胸襟，将山寨安然拥入怀中。幢幢白色寨楼星罗棋布地点缀在绿荫葱郁的山坳上，错落有致的层层梯田掩映在青山绿树丛中，绿荫、寨楼与梯田构成了一幅天人合一的美丽画卷，被誉为“藏区童话世界”、“丹巴风情名片”。2005 年，包括甲居藏寨在内的丹巴嘉绒藏寨一举摘下了“中国最美丽的乡村古镇”的桂冠。

费用：甲居门票 30 元／人
交通：自成都茶店子客运站搭乘大巴至丹巴（票价 120 元／人），再从丹巴转车到甲居(票价约 5 元／人)；也可从县城包车前往（30 元／车，可乘 4 人）
美食：香猪腿、酥油糍粑、老腊肉、土鸡、酸菜
住宿：甲居人家客栈，地址：甘孜州丹巴县聂呷乡甲居村一村，电话：13990464043（住宿费用 60 元／晚，淡季包三餐）
特产：丹巴青、红石榴、蜂蜜、野生菌菇

江巴村

草甸上的绝美风景

江巴村位于四川康定县塔公乡折多山以西 32 公里，全村 232 户，共 1028 人，面积达 40 平方公里。江巴村是纯牧业村，地处高寒地区，海拔 3800 米，年平均气温为 -10℃，是典型的高寒纯牧业村，也是康定县牧民定居建设的试点村之一，整个江巴村属于高山草甸风光，风景非常美丽。

在短暂的夏季，草原上开着彩色的野花，在最接近天空的地方云朵触手可及，远处的经幡和在草甸上悠闲吃草如墨点般的牦牛组合在一起，让人感觉是进入了一种与世无争的境地。最好的旅行、最好的时光，让我们的心灵得到一次彻底的净化，于是对于自然更加热爱与敬畏。

交通：自成都新南门车站搭乘大巴直达康定（票价 100 元 / 人），再从康定包车到江巴村（约 200 元 / 车）

美食：牦牛肉、糌粑、酥油茶

住宿：江巴村住宿条件差，建议入住康定；康定悠游度假酒店，电话：（0836）2828242

特产：康定银器、鹿茸、贝母、麝香

桃坪羌寨

神秘的“东方古堡”

桃坪羌寨在理县东 40 公里处。桃坪羌寨是羌族建筑群落的典型代表，寨内一片黄褐色的石屋顺着陡峭的山势逐坡上垒，其间碉堡林立，被称为最神秘的“东方古堡”。

桃坪羌寨以古堡为中心筑成了放射状的 8 个出口，出口连着甬道构成路网，本寨人进退自如，外人如入迷宫。寨房相连相通，外墙用卵石、片石混合建构，斑驳有致，寨中巷道纵横，有的寨房建有低矮的围墙，保留了远古羌人居“穹庐”的习惯。民居内房间宽阔、梁柱纵横，一般 2~3 层，上面作为住房，下面为牛羊圈舍或用于堆放农具，屋内房顶常垒有“小塔”，供奉羌人的白石神（一块卵状白色石头）。堡内的地下供水系统也是独一无二的，从高山上引来的泉水经暗沟流至每家每户，不仅可以调节室内温度、做消防设施，而且一旦有战事，还是避免敌人断水和逃生的暗道。

桃坪羌寨浓缩了羌族千年历史，在桃坪羌寨内，羌民们都保留着传统的生活习惯，从田间采摘苹果的孩童，到门前穿着整齐民族服饰的老者，从正在织羌绣的妇女，到喝着青稞酒的彪汉，无不呈现出一种田园牧歌式的生活境界。

交通：自成都茶店子车站搭乘至理县桃坪的大巴（票价 70 元 / 人）
美食：桃坪羌寨玛祖酒家提供当地美食，电话：(0837) 6836194
住宿：桃坪羌寨羌家客栈，电话：(0837) 6833720

黑虎羌寨

一万年的承诺

该寨古称“黑猫寨”，汉代的一支小部落在此“依山居止，垒石为室”，以狩猎为生；唐代以后，农牧并举。他们与其他族系少有往来，居占悬崖峭壁，常与来犯强争，并多次击败侵略的外族人。

黑虎羌寨有 3 个组成部分，细细数来，在不到 1 平方公里的山地上有 31 座碉楼，可以想象当年全寨羌人付出的劳力是多么巨大：鹰嘴河山梁上共有 7 座整碉、12 座残碉、3 座还留有墙基的破碉；河谷台地上有 3 座整碉、4 座残碉（均为四角方碉）；黑虎将军寨（已残破）有 2 座四方残碉。

其中最壮观的就是距离山下 2 公里的鹰嘴河悬崖上的碉楼群，群碉如苍松般植根于鹰嘴河山梁上，背靠悬崖峭壁，从河谷上望去，直入云天。据当地老人回忆，过去这里曾有近百座碉楼，大多毁于“文化大革命”期间和近年来的建设，让人唏嘘不已。

清朝寨中出了位受人推崇的“杨四将军”，他是当时唯一能领导“黑猫寨”羌人英勇抗敌的英雄，被后人尊称为“黑虎将军”，广为传颂，该寨也改称“黑虎寨”。黑虎将军在 22 岁那年的四月初八深夜，被清兵买通的歹徒以毒箭暗算，倒在他亲手播种的兰花烟地里。为了纪念他，黑虎七族所有的女性自生至死都要头戴一顶用白布做成、两端留有尾翼（形如两片兰花烟叶）的虎头孝帕，成年男子则头裹青纱。族人议定，这种孝仪万年不改，如有不戴者会受到众人的议论和谴责。

交通：自成都茶店子汽车站搭乘大巴至茂县（票价 60 元 / 人），再从茂县租车前往黑虎（约 200 元 / 车）
美食：鹰嘴河饭庄提供羌族特色美食
住宿：阿坝藏族羌族自治州茂县国际饭店，电话：(0837) 7427777
特产：茂县水果

螺髻山镇

螺髻山下的彝族风情

螺髻山镇也叫“拖木沟”，是国家级名胜风景区、国家 AAAA 旅游景区——螺髻山的腹地，它位于中国最大的彝族聚居区——四川省凉山州首府西昌市与普格县的交界处，属于普格县的一个比较大的彝族乡镇，海拔 1850~4170 米，是一个典型的二半山和高寒山区。

螺髻山镇辖区因受地貌及气候的影响，不同气候垂直分布，有“一山有四季，十里不同天”之说。螺髻山拥有“西子浓汝，峨眉淡抹，螺髻天生”的美誉，2001 年 5 月螺髻山被列为国家自然保护风景区，万千景象吸引了不少游人万里跋涉，登临游览，以探寻其无穷奥妙。而到螺髻山旅游的人们都要经过这个山下小镇。

螺髻山镇将彝族文化和旅游相结合、民族风情和自然风光相结合、生态保护和旅游开发相结合，形成了集健身探险游、生态游、民俗风情游于一体的体验式旅游，引导村民发展庭院经济，开设“彝家乐”，每年一次的螺髻山镇俗文化旅游节打造出彝家风情旅游的亮点，全面展示“赏彝家景、住彝家屋、吃彝家宴、干彝家活、跳彝家舞”的浓郁民族特色。

交通：自成都可乘飞机、火车或汽车到西昌，建议乘坐汽车，欣赏让人陶醉的雅西高速风景（票价 200 元／人），至西昌后再转乘班车前往螺髻山镇
美食：螺髻山镇提供地道的彝族风味美食
住宿：螺髻山镇住宿条件一般，建议在西昌住宿，推荐天喜花月酒店，地址：西昌旅游客运中心斜对面，电话：（0834）8886699
特产：苦荞茶、彝族漆器

浴火重生

映秀 抗震博物馆

映秀镇地处四川阿坝藏族羌族自治州汶川县城南部，是阿坝藏族羌族自治州的南大门，与卧龙自然保护区相邻，是前往九寨沟、卧龙、四姑娘山旅游的必经之路。这个小镇是“5·12”汶川大地震的震中，该镇的恢复重建广受世界关注。

灾后重建的映秀被打造成一个现代抗震建筑博物馆，保留了很多震后的遗迹，包括漩口中学、震源点、祭祠台等，坍塌和布满裂痕的教学楼、断裂的钢筋，遗址教学楼上飘扬的五星红旗最引人注目，每天都有大量游客在遗址前接受强烈的视觉冲击，用心聆听遗址传达出的悲惨的过去。

另一方面，震后重建的映秀新城融合了藏羌特色，精致秀美，依山傍水，以其积极向上的姿态谱写新的篇章。

水磨 全球灾后重建最佳范例

水磨古镇位于四川省汶川县南部的岷江支流寿溪河河畔，早在商代就享有“长寿之乡”的美誉，时称“老人村”，后更名为“水磨”。水磨镇是汉族和少数民族的交融区，灾后重建赋予其厚重的南粤新元素，内地风情和藏羌文化交相辉映，西蜀人文和禅佛文化共同绽放。“5·12”大地震后，水磨古镇重建了“禅寿老街、寿西湖、羌城”三大区，使这里古今历史文化交汇、川广发展理念结合、藏羌人文风情荟萃，俨然一幅“高山峡谷、湖光山色、古街林立、风情四溢”的水墨画，因此它被誉为“汶川大地震灾后重建第一镇”。

水磨古镇距成都 76 公里、都江堰市 25 公里、映秀 19 公里，是镶嵌在都江堰、青城山、卧龙大猫熊栖息地、九寨沟、黄龙之间的一颗璀璨明珠，被称为“世界遗产群中的世界地震遗产”。这里旅游区位条件优越，具有“川西高原休闲胜地”、“西羌文化名镇”之称。2010 年，水磨古镇被全球人居环境论坛理事会和联合国人居署《全球最佳范例》杂志评为“全球灾后重建最佳范例”，被第三届世界文化旅游论坛组委会授予“中国精品文化旅游景区”称号。

三江 宁静的邂逅

三江位于四川阿坝藏族羌族自治州汶川县南部、都江堰北部，因西河、中河、黑石河在此汇合，故得此名。三江远隔尘世，谷深峡幽，风景绮丽。蓝色的漂流河谷、五彩的海子流泉、遮天蔽日的原始森林、珍稀的奇花异兽、梦幻的流云霞光、浪漫的红叶白雪、斑斓的野花草原，构成了生机盎然的原生画卷，是一片离成都最近的“香格里拉”！

三江镇也是“5·12”大地震重灾区，一度成为孤岛，新三江由广东惠州市人民援建。三江主要游览的景点有藏乡风情园、明月湖、惠州公园、喇叭庙等。

交通：自成都茶店子客运站搭乘到映秀的大巴（票价 14 元／人），到达映秀后可转乘到水磨、三江的直达车
美食：坝坝宴
住宿：当地有特色藏羌农家乐（住宿费用 80 元／晚），可在网上提前预订
特产：羌绣、樱桃、三江猕猴桃

寻幽访古
那些被遗忘的古镇

黄龙溪

泛舟水乡古镇

黄龙溪是四川省的历史文化名镇、成都市市级风景名胜区，古镇有着1700余年历史，位于成都东南约40公里处的双流县黄龙镇上，以清代风格的建筑为主，由北向南，依次是镇江寺、潮音寺、古龙寺，古镇西边有天后宫及禹王宫，镇江寺和古龙寺分别位于古镇的正街两头，遥相呼应，至今保存完好。游人来到这里能感受到古朴宁静的川西民俗风情，青石板的街面、木柱青瓦的吊脚楼、镂刻精美的栏杆窗棂，6棵树龄均在千年以上的大榕树是此地一宝，其中古龙寺内的那棵榕树需10余人才能合抱，枝叶覆盖的面积可达300~400平方米。古镇有7条老街，吊脚楼依河而建，古老的寺庙把老街上的民居连在了一起，民居、牌坊、寺庙、古榕树、古崖墓、古渡口——风景这边独好。

每年正月初一至十五，黄龙镇还会举行耍火龙、彩龙、水龙等各种娱乐活动。另外，黄龙镇至今仍保留的每天每2小时打一次更的习俗，更是让游人仿佛回到了从前。每年的端午节，这里还要举行赛龙舟活动，夜晚则是舞火龙表演。

交通：自成都金沙汽车客运站、新南门旅游客运中心搭车至双流（票价3.5元/人），再转车至黄龙溪（票价7~8.5元/人）；此外，成都红牌楼汽车站有大巴直达黄龙溪

美食：焦皮肘子、珍珠豆花、野菜炒蛋、素炒野灰灰菜、红烧黄辣丁等是小镇上的特色食品，不可不尝；最为享受的是雇一条小船（100元左右），将各种美味叫上船来，一边尝一边欣赏两岸风光，酒足饭饱时，正好到了大佛寺，即可上岸游览，船家便在岸边等候，两小时后可又返回古镇

住宿：每人每晚15~80元不等，通常游览黄龙溪当天即返回成都

元通古镇

都市中的慢生活

交通：自成都金沙车站搭车到崇州，大约要25分钟（票价11元/人）；在崇州客运中心站搭中巴车到元通，15分钟就可到达（票价3.5元/人）

美食：杨豆花、黄豆花、熏肉（豆花1元/碗）

住宿：古镇上的旅馆（住宿费用10元/晚），条件普通，建议到崇州市区找；或者往前20公里经怀远古镇到文锦江温泉酒店住宿

元通古镇位于崇州市中部偏北方向，早在东晋初年就有了建制，又因当时这一带沟渠纵横，文锦江、味江、泊江三江汇合，贯通元通全境，水美土肥，为南国水乡，故得名“水渠乡”。发达的水系不仅为元通的水路运输提供了得天独厚的条件，同时也催生了当地商业的繁荣。数百年前的元通古镇舟楫往返穿梭，商人作揖相送，形成了上千米店铺相连的长街，夜晚灯火通明，热闹非凡。到了清代，南方各省客商纷纷来此建馆兴业，先后建起了陕西、广东、江西、湖广四座会馆，清光绪年间编撰的《崇庆州志》称元通为“小成都”。

1600年的风雨历程留给了这座古镇诸多历史余韵，古朴的建筑、“井”字形的古街以及独特的人文景观，让元通成为成都市历史文化资源最好的省级历史文化名镇之一。现存的麒麟街、双凤街、长寿街、半边街上依稀可见旧日豪宅的身影，如麒麟街上有地方军阀黄润余家祠堂和公馆、黄光辉公馆、抗英名将王国英故居，还有建于1903年的天主教堂，这些建筑大多中西合璧，有精美的木雕和砖雕。这些古老的民居院落相伴着名木古树，组成一种恬美的居家环境，现存的80多株古楠木、皂角树、银杏在古镇的上空绘制绿色的画卷，来往行人的身影与当地居民的生活组合成老成都的旧时景象。

罗泉古镇

川中盐神所在

罗泉古镇是资中旧时产盐的经济重镇，是成渝高速公路的必经之处，地处资中、仁寿和威远三县交界的地方。它在清朝及更早的年间是富甲一方的名镇，那时这里井架如云，是川中的产盐大镇。清代《盐法制》中记载：罗泉的井研始于秦朝，兴于宋，衰于明，复于清。

清同治年间是这里的鼎盛时期，那时这里共有盐井 1300 口，年产盐达 2200 多吨。罗泉的盐主要销往川西川南一带，也有盐商将盐运至成都，沿茶马古道到达遥远的西藏。元代的史书对于这个产盐大镇也有过记载，称这里是当时蜀中十大产盐基地之一。

沿老成渝公路行进，在珠溪河边远远望去，青瓦绵延数里的龙泉像一条卧在山间的巨龙，因此罗泉有“川中第一龙镇”的称谓。刚下过雨，青石铺成的路面满是泥泞，一位老人说这条街原来叫横街子，那些翘角飞檐的古建筑是盐神庙。

罗泉镇上的盐神庙是中国最为古老的盐神庙之一，盐神庙不是供奉神灵或是供出家人修行居住的庙宇，而是因为行业的需要而建造的行业祠堂。盐业在清朝再度兴盛，盐商们为了祈求盐业发达，同时为了方便集会，而在盐业富商钟氏一族的主持下，于清同治七年（1868 年）筹资修建了这座盐神庙。庙里供奉着齐国名相管仲，之所以供奉管仲，是因为管仲是中国历史上最早制定盐业大法的人；他在齐国为官时，提出垄断盐铁批发生意，建立国营和私营相结合的经营体制。正是这一时期，他制定了盐政大法《正盐筴》。

整个盐神庙占地面积 2700 余平方米，进大门后要穿过高大的戏楼，这个戏楼是罗泉盐业发达时，大家娱乐、集会的地方，戏楼下的院坝近千平方米，是看戏、喝茶的地方，大殿之上自然是正神管仲的神像了。管仲像的左边是红脸关公，右边是火神祝融。关公在民间逐渐成为忠义、勇敢和财富的象征，很多帮会与行业都供奉这位红脸英雄。

交通：成都五桂桥车站有直达资中的大巴（票价 50 元／人），在资中汽车站有车开往罗泉（票价 20 元／人）

食宿：罗泉豆腐和火爆肥肠都是对舌尖有极大诱惑力的美食；老街口子上的康乐旅馆提供食宿，特色菜有豆腐包子、家常豆腐、火爆肥肠、小炒牛肉丝等，电话：（0832）5980327（住宿费用 20 元／晚）；古泉客栈特色菜有豆腐包子、烂肉豆腐、火爆肥肠，电话：（0832）5980165

特产：资中冬尖（以枇杷叶青菜腌制的酱菜，枇杷叶青菜又名冬菜）

肖溪古镇

青石龙凤洲

肖溪古镇位于广安市广安区东部，原名“龙凤洲”，它紧依华蓥山，与达州市的渠县交界，距邓小平故居约60公里。它借助便捷的渠江水上运输，很早就成了远近闻名、商贾云集的一方名镇。肖溪镇为一船形古镇，整个古镇大致是南北走向，全长约750米，古镇与老街由一座古桥连接，反映出一种原始的古朴与现代的苍凉。经过岁月的洗礼，古镇日渐沧桑，但其独特的风貌、淡雅的色调、丰富的形式、多角度的景观却给人留下了深刻的印象，是川东为数不多的保存较好的古镇。

古镇内的街道全部由青石板铺成，街道参差不齐，凹凸不平，但错落有致，古朴淳厚，韵味独特；街道全长约450米，依山而筑，呈逐级递进式布局。古时镇上还有观音庙、王爷庙和禹王宫三座寺庙，人们时常来这里烧香拜佛，求个平安吉利。街上茶房、戏楼、酒店、餐馆、旅社应有尽有。街道两旁的客栈、茶馆、酒店、油房、药铺、铁匠铺、百货店鳞次栉比，当地人有的做着生意，有的则坐在街檐下聊天、喝茶、打瞌睡，或是玩牌、搓麻将、嗑瓜子，形成一幅典型的巴蜀休闲生活图景。白天游览古街、特色民居、码头风光、冲相寺和定光崖隋唐摩崖造像及石刻，晚上可欣赏当地川剧等文化表演。沿水道可观赏渠江风光，在沙滩上露营；顺江而下可参观由邓小平题字的凉滩电站，并在凉滩沙滩上露营。

交通：自成都搭车至南充市南充东站（票价70元／人），也可坐公共汽车先到广安市，然后转车至肖溪（票价约70元／人）；肖溪古镇水码头乘船至玉溪、渠县（票价5元／人）；肖溪古镇至广安（票价7元／人）

美食：肖溪粉蒸鲢鱼、河滩鱼、五指鲫鱼、高梁粑、叶儿粑、黄花鸡、腌腊肉、胭脂红萝卜

住宿：肖溪住宿条件比较差，推荐到广安住宿广安岷山世纪大饭店，地址：广安区思源大道88号，电话：（0826）2336666

特产：广安松针（松树的针叶，作为药用）

洛带古镇

永远的客家

洛带建于三国蜀汉时期，洛带古镇历史悠久，相传汉代即成街，名“万景街”。洛带古镇占地面积 43 平方公里，位于成都市东郊，龙泉镇北 10 公里，坐落于龙泉山脉中段的二峨山麓。古镇洛带的名字由来说法很多，一说为三国时蜀汉后主刘禅经过此处时，不慎将一玉佩落入井中，而“落”与“洛”同音，于是此镇得名“洛带”；二说为镇旁有一“洛水”环绕，形如玉带，故名“洛带”；三说为场镇老街蜿蜒 1 公里，状如玉带自天飘落，故名“落带”，后演变为“洛带”。刘后主落带的八角井至今尚在，提醒人们记住蜀地过去的辉煌。

洛带居民大多都是明末清初湖光填四川的客家移民后裔，这些人主要是广东客家人和湖广人，操着一口异地腔调，在迁徙千里后来到洛带艰难地开始了新生活。背井离乡的人对家乡的思念如同夏天的野草，只要有光便疯长起来，所以他们修建了广东会馆，以期能找到一些家乡的味道，也以此寄托作客他乡的愁苦。

古镇老街以上下街、北巷子、风仪巷、槐树巷、湖广会馆、江西会馆、柴市巷、马槽堰巷、糠市巷等为代表，现存的建筑多为清末民初风格。此外，镇内还有金龙寺、药王庙、基督教堂、烟霞洞、红豆林、玉带湖、古牌坊等多处古迹胜景。

交通：自成都新南门汽车站搭车直达洛带古镇客运中心（票价 5.5 元 / 人）；或在成都五桂桥汽车总站乘坐公交 219 路直达洛带古镇客运中心（票价 3 元 / 人）；自驾车出成都东门，有两条线路可走，成都—西河—洛带或成都—龙泉—洛带

美食：伤心凉粉、九斗碗、烟熏油烫鹅、客家山菌面皮汤、艾蒿馍馍

住宿：东山别院客栈，电话：（028）84893186（住宿费用 100~120 元 / 晚）

平乐古镇

嬉水川西水乡

平乐物产丰饶，人文鼎盛，为川西南重要码头。古镇清江环绕，虬曲古榕列岸，老街小巷棋布，古朴民居星罗，有秦汉驿道、邓通、卓王孙冶铁遗址、天官试剑石、金华山唐代摩崖造像、天官墓、江西会馆、湖广会馆、古码头、邛南第一桥、观音院、芦沟竹海、天然石佛、元帅井、绿宝石庄园、清代民居、临河吊脚楼等众多古迹景点。

来到平乐古镇如同阔别多年的好友重逢般亲切，又如游子回到久别的故园般温暖，这种涓涓清泉般的情感，就像无处不在的阳光一样，弥散在小镇的天空中。

穿过古镇的牌坊，桥旁是高大葳蕤的古榕树，树下一群汉子在悠闲地品茶、玩牌，还有一些人在桥头看水，这是小地方独有的一种情趣，也正是这种情趣吸引都市人一次次前往。

平乐古镇有着悠久的历史、厚重的文化。早在西汉元年，这里就已形成集镇，并开始兴旺发达。穿镇而过的白沫江见证着平乐两千多年的历史。“一江分三水”的独特格局，使平乐在白沫江的滋养下，形成了灿烂的八大文化：水、火、贡茶、铁、纸、民风民俗、路、宗教文化，加之平乐独特的地理位置，使它自古便成为“茶马古道第一镇，南丝绸之路第一驿站”。在今天的平乐，我们依然可以看到“九古——古街、古寺、古道、古桥、古风、古居民、古坊、古堰、古歌”形成的历史痕迹。

昔日的车水马龙，今日的门可罗雀，时移世易，沫水旁那两个迎来送往的码头和那些长长的青石板老街依然如故，任由我们凭吊昨日，感受那份悠远的宁静。

沿河往东，顺流而下，横跨南北的乐善桥便现于眼前。乐善桥是一座七孔石桥，桥洞一改普通的半圆形，采用的是桃形，别致而有新意，但是否有更为深层次的寓意，暂时不得其解。桥墩也有其独到之处：迎着水流的方向全为锐角，直伸出桥的宽度有几米远，七个桥墩，就像七条一字排开的小船，乘风破浪穿行在千百年的风雨之中。

交通：成都金沙车站、新南门车站、火车北站、石羊场车站都有发往邛崃的大巴，20分钟一班（票价20元/人），邛崃至平乐（票价5元/人）平乐包车至芦沟（20~30元/辆）

美食：奶汤面、钵钵鸡、孙血旺、河鱼、珍菌、竹笋烧鸡、汤白肉，特色菜有卤菜系列、烧血旺、烩豆腐，电话（028）81806990

住宿：平乐镇江畔农家乐可以停车、住宿；推荐黄角树客栈（古镇区乐善桥头和闫巷街）（标间40~60元/晚）

上里古镇

南方丝绸之路上的重镇

上里是历史上南方丝绸之路临邛古道进入雅安的重要驿站，是唐蕃古道上重要的边茶关隘和茶马司所在地。因场镇内有韩、杨、陈、许、张（韩家银子——钱、杨家顶子——官、陈家谷子——田、许家女子——靓、张家锭子——斗）五大家族居住在此，故俗称“五家口”。古镇的街道均为石板铺成，房屋为木质楼阁，错落有致，青瓦飞檐流光溢彩，木质的窗、枋、檐均由浮雕、镂空雕、镶嵌雕刻组合而成，画面栩栩如生。精美的艺术虽然被岁月侵蚀，已残旧失去了光鲜色泽，然而其工艺的精湛、构图的精巧却无法掩饰，突显着民族文化的深厚。上里古镇东接名山、邛崃，西接芦山、雅安，坐落于四县交界之处，是南方丝绸之路的重要驿站。古镇民居保存得比较完好，多为青瓦民居，街中心有宽阔的戏坝子，原有的二重檐歇山顶戏楼有着川中场镇不多见的巧妙设计。这里现存的多座石桥以“二仙桥”为代表。镇内石板铺街、木屋为舍，建筑群高低错落、古风宛然；大院整个建筑雕梁画栋、飞阁流丹、镂空细刻、曲尽其妙，均为清代佳作；从目前的总体风貌与建筑群的规模来看，上里镇是保护得相当完整的乡村聚落。

交通：成都新南门车站有直达上里的大巴（票价44元／人）
美食：乌骨鸡炖山药，味道鲜美又滋补身体（25元／份）
住宿：古道酒家提供住宿、餐饮，电话：（0835）2317069；古镇客栈，电话：（0835）2316535
特产：雅安边茶、雅安竹笋

农村信息化
宽带试范点
雅州府

西来古镇

静心淳朴自西来

位于临溪河畔的西来古镇有着悠久的历史，西来在 1400 多年前的西魏恭帝元年（554 年）曾是临溪县治所在地。当时冶铁业极为发达，通达西藏和印度，这座古镇就是南方丝绸之路上重要的商品供给地。那时的西来可谓帆桨如织，挑夫盈途，一派繁华的商业大场景象。今天，我们还可以在西来镇外的临溪河上见到古码头的遗迹。古时的水运往往能造就一方的兴盛繁华，西来也不例外，就凭现在仅存的观戏楼、古榕树、惜字宫、小姐楼也可见一斑。

古镇的建筑大多较高大，“过街楼”最初的功能是遮挡风雨，但在不经意间也挡住了夏日的灼热。晃进不同的街道小巷，有夹着植物芬芳的凉风袭来，平静缓缓的风不像空调带来的那种浑浊的凉，而高大的建筑物又使空气有了足够的飘散空间，这样自由平和的古镇轻风令人不再浮躁。

老街上的一处三岔路口突兀地立着一根高高的杆子，这是正月挂灯用的，要挂上 7 天。想象一下，高高的杆子上挂满了红红的灯笼，该是怎样的喜庆，该是怎样一种浓烈如酒香茶香的生活情致！

河边有闻名四方的 14 株千年榕树，在树下茶座里要杯茶，在阳光下品味小镇的滋味。

福从西来，临溪河一直哺育着世代生活在这里的人们，他们用水浇灌、用水冲茶、用水沐浴，临死的时候又把自己重归于水——镇上有古老的船棺，因为从前的人相信顺着水流，死后可以到达更美丽的世界，所以便把自己寄于船上，自由漂去。

交通：自成都市内乘 12、28、52、61、78、85、94、100 路等公交车可达石羊客运站，在石羊客运站乘成都至蒲江的班车，每日 7:00~18:40，每隔 15~20 分钟一班（票价 11 元／人）；蒲江乘车至西来（票价 10 元／人）

美食：新兴街杜家菜馆供应烧猪蹄、豆花、血旺，面特别好吃，电话：（028）88601216；十字口李家饭馆提供烧肥肠（10 元／小份、15 元／大份）、豆花，电话：13076054149

住宿：开心饭店供停车、食宿、空调、淋浴，电话：（028）88601058

安仁古镇

昔日的繁华

安仁古镇是融艺术博览、藏品展示、收藏拍卖、影视拍摄、旅游休闲、教育研究为一体的中国百年文博旅游及乡村休闲度假旅游的目的地。安仁古镇历史悠久，早在唐武德三年（620 年）就建立了安仁县（早于大邑建县 50 年），隶属于剑南道邛州。据《太平寰宇记》记载，当时的县治就在今天的安仁镇，因古为“安仁”县治，“取仁者安仁之意”，故得名。直至元朝二十一年（1284 年），安仁县建制撤销，其区域划归大邑县。1949 年前有“三军九旅十八团”之称的前安仁，相继涌现出刘文辉、刘湘等军政要员。

安仁刘氏庄园是全国保存最完好的地主庄园，占地面积 7 万余平方米，老公馆现名“大邑刘氏庄园博物馆”，其布局错综复杂，曲折幽深；新公馆现名“川西民俗博物馆”，配置对称，主次分明。庄园建筑为高墙深院封闭式院落，山墙压顶，重门深巷，迂回曲折，宛若迷宫，充分体现了近代川西富豪之家的奢侈和排场。古镇上的古建筑群中，中西合璧的同庆茶楼、豪华迷宫般的刘元王宣公馆、古代小姐看风景的刘体仁小独院，气势庞大的刘湘公馆都很值得一看。镇上还有由建川博物馆与老街、老公馆群构成的古镇旅游区以及刘文彩和刘文辉公馆等景观。

费用：刘氏庄园门票 50 元／人、川西民俗馆门票 10 元／人、文物珍品馆门票 10 元／人、导游讲解费 50 元
交通：从成都金沙车站搭车至安仁镇（票价 13 元／人）
美食：肥肠血旺、文彩排骨、庄园鱼丝风味各异但都很有韵味；刘老二饭店，电话：（028）88315165
住宿：成都金桂公馆酒店，地址：安仁镇金桂街 26 号（建川博物馆附近），电话：（028）88317000
特产：唐场豆腐、大邑酒

交通：成都金沙车站有大巴直达街子镇（票价 10 元／人）
美食：药膳，如山药炖乌骨鸡、山药炖肘子
住宿：凤栖山酒店

街子古镇

神秘隐居之所

街子古镇位于崇州市，与青城后山毗邻，面积不大；镇上的老房子多半是明清时期留下来的，主要的街道共有 5 条：中药铺所在的街叫江城街，其斜对面是一个十字路口，路口有几家小吃店和豆花饭馆，新鲜的热腾腾的豆花、卤鸭、卤猪尾、卤排骨在玻璃柜中摆着。赶完集的人们把自行车、背篓、挑担往饭馆门口一放，叫一份下酒菜，打上二两枸杞酒慢慢品尝。

大路口有口建于清同治二年的古井，人称“八角井”，这口井正好位于过去崇庆县与都江堰市的交界处，现在修了古井亭廊和围栏加以保护，井水喝起来有淡淡的甜味；过去井口有一个井架，把水桶挂到铁钩架子上，轱辘一转，井水很轻松就提上来了。现在家家户户通了自来水，古井成了街上的文物。

街子是一个充满隐居传说的地方，据《中国通史》记载，明朝开国皇帝朱元璋之孙朱允炆曾神秘失踪，经民间许多专家考证，朱允炆其实是隐居于街子的上古寺附近，从 1401 年起一直在山里住了 10 余年。

郪江古镇

古刹静思

郪江古镇是一座有 2000 多年历史的四川古镇，远离了交通主干道，也就远离了繁华、喧嚷，这座地处僻静山区的古刹更显萧然肃静，此刻站在这里我少了一份往日生活的纷扰，多了一份对生命的沉思。

云台观是距郪江古镇 2 公里的巴蜀地区的第二大道教胜地，是一处在 50 年代就被列为省级文物保护单位的地方。这里殿宇楼阁鳞次栉比，古树参天、郁郁葱葱，诗文楹联、笔走龙蛇，红沙条石砌就的登山小道蜿蜒曲折地出没在山林间，一切似乎还在述说着昨日的鼎盛香火。这里始建于南宋，明、清两代仍在扩建，是古建筑摄影的绝佳地点，玄天宫、圈拱门、石华表、降魔殿、钟鼓楼、十殿、凉亭、三皇观、回龙阁等亭台楼阁绵延两三里，气势宏伟，无不透露出古代先人的高超技巧。云台观每年农历的三月初一、五月十八、六月十九是赶庙会的日子，届时四方八面的乡亲都将赶来朝会，组成一幅生动的民俗风情画。

郪江老街两旁的房子都带着木柱支撑的宽敞走廊，街有多长廊有多长，如同江南的小镇。走廊是老街重要生活场景的一部分，平日里街坊邻居在廊下吃饭、干活、喝茶、摆龙门阵（聊天）；赶集的日子里，廊下摆起一个个小摊，菜市、肉市、小吃、百货，组成了人气旺盛的市场。

交通：自成都梁家巷站搭车至三台（票价 30 元／人），再自三台搭车至郪江（票价 6 元／人），最好乘坐车窗上贴有至云台观、郪江标识的车

美食：三台的酸辣粉，郪江的土鸡、野菜很不错，推荐郪城饭店

住宿：郪江住宿条件一般，推荐在三台县住宿，梓州国际公寓，地址：三台县潼川镇解放上街 49 号，电话：（0816）5899983

特产：潼川豆豉、三台丰水梨

清河古镇

东西合璧的精彩

清河古镇是被称为“走进清河，世界少有，中国独有”的一处中西合璧的古镇。它并不古老，甚至可以说是极为年轻，但在偏僻闭塞的川东，竟然有将中国传统建筑与西洋建筑融合得如此自然贴切的庞大建筑群（不是我们今天常见的仿古或仿洋建筑），实在极为罕见。

在民国初年能建造这样大规模的、保留了千年东方民间建筑风格又处处融合有西欧风范的建筑群，人皆觉匪夷所思，你会久久想不通，在挪动一片瓦块都得流血的中国，为何西洋文化会在这穷乡僻壤被人接受追崇。很多人知道这与中国西部最大的“黑社会”袍哥的历史有关，这让我们不得不重新审视心目中的袍哥，并对其传奇般的历史人生发出感慨。不管过去的岁月有多少令人拍案之处，走进清河，就能感受到与中国任何一处都不尽相同的习俗，以及东方人特有、清河人又独有的纯朴、豪爽、直率与练达。

交通：成都十陵汽车站有班车发往大竹（票价 120 元／人）　**美食**：东柳鱼头是大竹的一道美味，财富美味餐馆，电话：（0818）6352163
住宿：哈儿大酒店，电话：（0818）6352177　**特产**：东汉醪糟、大竹豆干

佛宝古镇

自在的野趣

佛宝古镇位于合江县城东南 42 公里，距泸州约 103 公里，是国家级佛宝森林公园的门户。古镇始建于元末明初，到明末清初已“积众数百家，可为巨镇”，成为大漕河流域政治、经济、文化交流中心。建镇时因交通极不方便，谋生艰难，故以庙宇兴场，得以取名“佛保场”，后因在一次大火后重建，在正街上挖到一直径 2.3 米大的鹅卵石，而改名为“佛宝新场”。

佛宝古镇依山而建，三面环水，有“一蛇盘三龟，五桥锁两江”之说。蒲江河由南向北从古镇西边穿过，白色溪流迂曲于古镇而经其三面。古镇历经 500 多年的沧桑，仍完整地保存着原来的建筑格局，96% 以上的民居为明清建筑。仅有 0.3 平方公里的小镇有近 100 多家古店铺和三宫八庙，它们都是明清民居和寺庙的典型。其中回龙街是全镇现保存最完整的一条古街，沿回龙桥而上；在大青石铺成的街道两旁，民房一间靠一间、大小不一，形成九龙巷、刘家巷、包青巷、柴市巷、鸡市巷 5 条巷道，街道全长 450 米，宽 1.5~8 米，是当时最热闹的繁华地段，回龙桥、三宫八庙、惜字亭等古建筑掩映其中，具有一定的历史、文化和观赏价值。

交通：成都五桂桥汽车站有大巴发往泸州（票价 80 元 / 人）；泸州到佛宝有大巴（票价 20 元 / 人）

食宿：双河酒家，电话：（0830）5700847；天堂坝景区可提供住宿，且能在不同季节里品尝到不同的野菜

特产：泸州老窖、护国陈醋

柳江古镇

烟雨柳江

柳江古镇位于四川省眉山市洪雅县县城西南 35 公里的花溪河支流柳江两岸，历史上称为“明月镇”，是四川著名古镇之一。柳江古镇始建于南宋绍兴十年（1140 年），清代中期，因镇上柳、姜两姓族人合资修建了一条石板长街而更名为“柳姜场”，1780 年定名为“柳江场”，历代屡废屡兴。柳江被称作“烟雨柳江”，小雨淅沥的晚上，在朦胧的灯火中，听雨望江，“烟雨柳江”的诗情画意便在心里滋生开来。

镇南有晋朝道家葛洪炼丹处的抱朴洞，洞下两股清泉终年不息；镇西有建于清乾隆年间的石柱房；镇北有书法家张带江、张楼房的故居。拥有优美的自然风光的柳江古镇地处五凤山东，玉屏山麓，依山临水，东西南三面环水：东有花溪河，西跨杨村河，两条河流蜿蜒穿镇而过。

交通：成都新南门车站有大巴前往洪雅（票价 38 元 / 人），洪雅有大巴前往柳江（票价 5 元 / 人）

美食：万岁凉粉、蒸饺、中山羊肉、朱四娘冷锅串串等都是柳江的美味，在镇上餐馆都可享用

住宿：祥福居商务酒店，地址：眉山市洪雅县柳江古镇车站，电话：（028）37527489

特产：么麻子腾蛟油、雅笋、瓦屋山老腊肉

罗城古镇

山上的船

罗城古镇位于犍为县东北部，距乐山市 60 公里。古镇主街凉厅街俗称“船形街”，始建于明崇祯元年（1628 年），时至今日，这条幸存下来的老街仍保留着部分明清时代老四川文化古镇的人文风貌。罗城镇坐落在一个椭圆形的山丘顶上，主街为船形结构，东西长、南北短，很像一把织布的梭子，所以又有人称它为“云中一把梭”；从高处俯视，它又像是一只搁置在山顶上的大船，街面是船底，两边的房屋建筑是船舷，中部的戏楼是船舱，东端的灵官庙好似大船的尾篷，西端的天灯石柱恰似大船的篙竿，灵官庙右侧的长 22 米的过街楼（现无存）犹如船舵。如果登高远望，会看见这只气势宏伟、奇异独特的大船正劈波斩浪，扬帆起航，因而罗城又赢得了一个美称：“山顶一只船”。

交通：从成都石羊场客运站经成乐高速公路有班车直达罗城
美食：古镇是回民聚居地，清真牛肉系列食品的制作已有两百多年的历史，其中如干巴牛肉、金丝牛肉、灯影牛肉、麻辣牛肉等，久负盛名
住宿：罗城住宿条件一般，建议在乐山住宿，金叶大酒店，地址：乐山市中区嘉定北路 199 号，电话：（0833）2444222

交通：成都坐火车到永朗（10 小时左右），永朗乘班车到会理（2 小时左右）
美食：会理的米粉和牛肉有着独特的味道，值得品尝
住宿：兰宛宾馆，地址：四川省凉山彝族自治州会理县滨河路 49 号，电话：（0834）5620666
特产：会理石榴

会理古城

散落的古风，丽日下的沧桑

会理县城位于凉山彝族自治州最南端，湍急的金沙江成为川滇两省的自然分界线，会理在岸边与云南省昆明市禄劝县隔河相望。西汉武帝元鼎六年（公元前 111 年）在此建成了会无县，此前这一地带便有人类活动。“会无”一名在历史上存在了 700 余年，至唐高宗上元二年（675 年）更名为“会川”，此时会川县开始隶属于云南，一直到明洪武二十七年（1394 年）才再次归四川管辖，清雍正六年（1728 年）改称会理县。

会理在历史上是川滇文化的交融地带。先秦两汉时期，这里曾是古蜀先民迁徙的途经地，有不少人与当地土著融合形成了新的民族，从地下出土的文物可以证明这里在新石器时代就有人类活动，并且也曾是白族先民的重要领地。接受了中原文明、南昭文明和大理文明的影响，会理成为多元文化的荟萃之地。

中国的古典建筑历来讲究风水，会理也是如此。清朝以前，中轴线上并没有钟鼓楼，清雍正十二年（1734 年）为了弥补传统建筑文化上的“中轴空虚”，而在城中心的十字大街上专门修建了这一豪华建筑，形成了以钟鼓楼为中心的穿城三里三的四面对称格局，而南北中轴线又是交通商埠要津，因而更多的房屋商铺多集中于此，共有四街、三关、二十三巷，形如棋盘。直到今天，它们仍是保存古建筑最多的两条街。

阆中

风水与三国

阆中位于四川省东北部，嘉陵江中游；城外青山环峙，嘉陵江绕城而过，清澈和缓。城内的建筑将古代中国的风水学与建筑学结合得非常好，是一座值得去认真品味、游玩的古城。117 条或东西或南北走向的街道纵横交错，将旧城分隔成一个个的方形民居院落，有 1/5 的街道仍保持着唐宋时期的格局。现在这里保存有 2 处元代建筑、4 处明代建筑、12 处清代前期的殿堂建筑，以及众多唐宋街市和古民居。在这些既有明代疏朗淡雅，也有清朝精美繁复特点的古院落中，还有一种“多”字形结构建筑，即每一重天井和第二重天井不在一根轴线上，错位成一个“多”字，房间平面图为菱形。这样的结构，寓意“三多”：多子、多福、多寿，这在全国古民居建筑中十分罕见。

阆中皮影戏在夜里上演，上演的地点多是杜家客栈的后院。灯光从后面将一张类似电影屏幕的幕布照得亮亮的，一位男子两手分别掌控着立马横刀的交战双方，小人儿在他灵巧的手中拼杀得十分激烈，你来我往，互不相让。

交通：成都北门汽车站有班车开往阆中（票价 100 元／人）
美食：阆中的白糖蒸馍、张飞牛肉都是不错的选择；随缘饭店，电话：（0817）5183072
住宿：金龙大酒店，地址：阆中市商城路 10 号，电话：（0817）6268222
特产：保宁醋、保宁压酒（当地的特色甜酒）

乐享四季

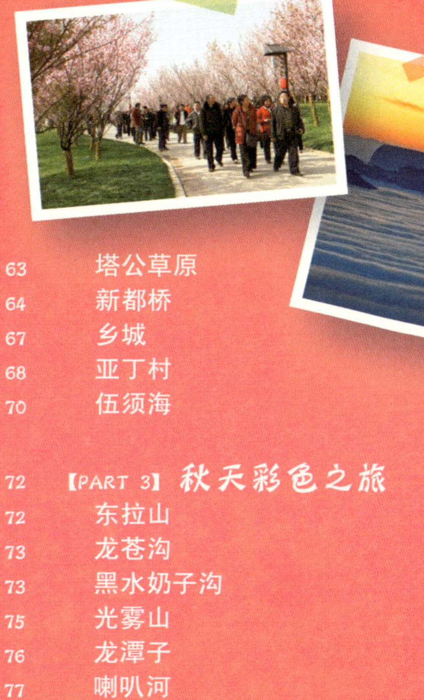

PART 1 盎然春意

成都附近赏花地推荐

当阴霾许久的天空开始透出疏斜的阳光，成都的春天便来了。成都的春天要比江南还早 1~2 个月，大抵 2 月中旬到 3 月中旬，由此时节开始，成都的街巷就要被星星点点的各种花朵所包围。成都这座城市，或多或少有些京派的风味，种树栽花，对酒品茶，但讲享受生活，却更添成都味道。成都人没那么多繁缛的礼法，更多的是随性写意，就拿种树栽花来说，没有大片规矩的园林，却有窗边几丛随意的翠竹，没有规整的花台，却总是可以看见墙头伸出的几枝俏皮的树桃；这就是成都的性格，悠然写意，用四川话来讲叫作“安逸”。时代变化，成都的发展日新月异，悠闲随性的成都人依旧相袭的是享受生活的心态。春天，成都每个月都举办不同的主题花卉节。

石象湖郁金香节

每年 3 月，亚洲最大规模的郁金香节“石象湖郁金香节”都会在浦江石象湖生态风景区举办。

九沟十八岔港汊交错、风景秀丽的石象湖是成都平原的天然氧吧和中西合璧的秀丽园林。森林、迷宫幽湖、缓坡草地、四季鲜花，这一切既有欧陆风情，又有川西坝子的田园野趣，尽显高雅品位和浪漫闲适的完美统一。石象湖是西部的郁金香王国，号称“花中贵妇”的郁金香目前基本上是高成本的温室栽培，大面积的室外培育仅石象湖一家。

栽种在主花区的郁金香面积近 7000 平方米，是亚洲最大的郁金香户外花卉公园。景区的郁金香花卉品种不断更新换代，构思新颖的园艺设计配上洋水仙、蓝葡萄风信子等球根花卉，交相辉映。为更好地提升景观品质，景区将主花区和象山花区的草坪全部翻新，目前草坪显露出青翠的绿意，待郁金香盛开之时，青青草甸与绚烂花海交相辉映，相得益彰。

时间：3~6 月
地点：成都市蒲江县石象湖景区
费用：成人票 50 元／人，儿童票 30 元／人（购票的游客均可获赠价值 20 元的茶水消费券和价值 10 元的毛绒玩具抵扣券各一张）
交通：成都新南门车站每天有大巴定时往返石象湖生态风景区（票价 25 元／人）；自驾车可经成雅高速公路到石象湖，需 40 分钟左右

成都国际桃花节

桃花艳名满巴蜀的成都国际桃花节举办地龙泉驿是“中国水蜜桃之乡”，也是闻名全国的花果山和风景名胜区，素以“四时花不断，八节佳果香”著称。龙泉驿的桃花以品种多、花期长、密度高而闻名全国。阳春三月，在555平方公里的土地上，共有1700万株果树，处处被浓密绚丽的花树掩映，如雪似霜，如云似霞，“一百里间春似海，孤城掩映万花中”。这里的桃花万树竞放、灿若云霞，十分壮观。景区主要包括“福道”、“情道”、“寿道”、“古驿道”、“桃花潭”、“古驿岁月”、“花好月圆”、“连心亭”、“桃文化长廊”、“乘龙观佛”、“桃花石林”、“桃文化陈列馆”、“桃文化诗歌墙”、“夸父广场”等景点。20世纪90年代男高音蒋大为曾在此放歌《在那桃花盛开的地方》，2002年民歌《又见桃花红》曾在此拍摄MV，2007年马来西亚歌手阿牛又将他的《桃花朵朵开》带了进来，使得桃花故里远近闻名。

时间：3~4月
地点：四川省成都市龙泉驿区
费用：无门票
交通：新南门汽车站——桃花故里（旅游专线车）；五桂桥汽车站——龙泉驿汽车站（223路公交车）；成仁公交站——龙泉驿汽车站（332、218路公交车）；金沙、荷花池——龙泉驿（旅游景点专线车）；龙泉驿——桃花故里（870、872A、872B、872C路公交车），时间：6:30~19:30；
自驾车可从成都三环航太立交出口处往龙泉方向直行，沿老成渝路走便可到达桃花故里入口处（老成渝路26.5公里处）

彭州国际牡丹花会

彭州是中国西部最大的牡丹观赏基地，牡丹品种众多，栽培历史悠久，以“天娇寻丈，倒叶垂华，绚丽山谷”的独特风格同洛阳牡丹齐名天下。

丹景山为中国天彭牡丹的发源地，宋代尤其是南宋时期，花开繁盛，与洛阳齐名，陆游《天彭牡丹谱》云：“牡丹在中州，洛阳为第一；在蜀，天彭为第一。”这里也一度成为“中国牡丹的栽培中心”。近年来，牡丹花被定为彭州市市花，天彭牡丹得到迅速恢复、发展，并以丹景山为发展传统名花的基地，建设以牡丹观赏为特色的风景区。现全山已有丹霞园、天香园、牡丹坪、放翁园、大千园、石壶园、纱帽园、国色园、金华寺等 12 大牡丹观赏园区，栽培牡丹 300 万株，品种 260 多个，另外还有极富观赏价值的杜鹃花、梅花。在 99 昆明世博会上，丹景山参展的“金腰楼”牡丹以其花大滋润、色泽艳丽而荣获国际银奖，与洛阳牡丹获奖等级相同。丹景山已发展成为与河南洛阳、山东菏泽并列的中国三大牡丹观赏基地和中国西部最大的牡丹观赏中心，该山的牡丹尤以天然野趣之美享誉中外。

时间：4~5 月　**地点**：四川省彭州市丹景山景区　**费用**：120~170 元／人
交通：成都五块石客运中心搭乘成都—彭州滚动班车（票价 10 元／人），到达彭州客运中心后，转乘彭州—白水河的客车（票价 8 元／人），在丹景山站下车；
自驾车路线成彭高速—彭白路—丹景山

邛崃天台山高山山茶花节

天台山有着整个川西最为丰富的原始山茶花资源，邛崃市风景旅游局傅光文局长介绍，仅小九寨和秀水三韵沿线的山坡就有面积达 2000 亩以上的野生山茶，这在川内非常罕见。天台山的山茶花属西南红山茶的变种，花期从 11 月到翌年 4 月。天台山独特的生态环境，将西南红山茶这一名贵品种演化出多个变种，绝大部分山茶尚未命名，非常珍稀。天台山罕见的向斜地形造就了殊异的生态环境，从海拔 700~1800 米的地区均有山茶生长。阳春三月，天台山景区中部的“小九寨”地带及“秀水三韵”山茶花开得正艳，高低错落、次第鲜妍、山涧沟壑，竞相怒放，景色壮观。令人称奇的是在距蝴蝶滩约 1 公里处的一片 10 余亩的山茶花林，这里几乎每一株山茶都是从同一树根根部均匀地抽出近 10 根树干。景区内已开设出“秀水三韵”和“小九寨”两条赏花走廊，使游客能更好地欣赏到绽放的山茶。

时间：2~3 月
地点：邛崃市天台山景区
费用：旺季 3~10 月，门票 50 元／人；淡季 11 月~次年 2 月，门票 20 元／人
交通：1. 成都金沙车站乘汽车经成温邛高速公路约 30 分钟可到达邛崃（20 分钟／班），从邛崃旅游客运中心站乘车约 50 分钟可到达天台山；2. 成都新南门车站每天 8:00 和 9:30 有旅游专列可直达天台山景区；
自驾车游客沿成温邛高速抵达邛崃，或沿成雅高速在新津转道邛崃；市区有天台山旅游西线（火井）和旅游南线（平乐）连接景区

成都青白江樱花旅游文化节

为了让游客在不同时间都能欣赏美丽的樱花，当地在选择樱花的品种时就动了不少的脑筋。比如寒樱，寒樱花朵小，淡红色，单层花瓣，气候较温暖的话，1 月中旬左右就会开花，而春樱在 2 月上旬到 3 月下旬开花。阳春樱花的大部分品种在 4 月上旬到中旬盛开。而晚春樱花 4 月下旬到 5 月上旬才会盛开，这些不同时期盛开的樱花又有数十种到几十种不等。

时间：3~4 月　**地点**：四川省成都市青白江区凤凰湖景区　**费用**：门票 40 元 / 人

交通：成都双桥子车站、成都旅游集散中心、北门汽车站、北湖客运站均有大巴直达凤凰湖景区；自驾车经成绵高速、城南高速、成金（青）快速通道、108 国道（大件路）驶抵青白江后，根据沿途的路牌和指示标志达到凤凰湖

中国龙池杜鹃花节

一般的杜鹃花花期是1个月左右，而在龙池，从3月上旬一直到6月下旬都能看到美丽的杜鹃花，置身其中，仿佛走进了芬芳扑鼻、充满幻想的东方伊甸园。

龙池杜鹃花的分布区域从海拔200米的山脚一直蔓延到海拔3000米的山顶，毫不夸张地说，从龙池山脚每行一步都能欣赏到各种漂亮的杜鹃花。

龙池杜鹃节以中国杜鹃园10余年来搜集、保存、培育的300余种，共20万株珍贵的杜鹃花原始资源类群以及龙池地区分布的1000余亩野生杜鹃花资源为支撑，向公众展示源自中国云南、贵州、四川、西藏亚高山及高山地区的常绿无鳞类和常绿有鳞类杜鹃的风采。杜鹃花有白色、淡红、粉红、深红、蓝紫、深紫等数百个品种，观赏价值极高，是世界上著名的精品高山花卉。

时间：4~6月
地点：都江堰市龙池国家森林公园
费用：进山门票20元/人、上山车20元/人、索道36元/人，旺季价格50元/人，索道往返40元/人
交通：成都西门车站有发往都江堰、青城后山的班车，10分钟/班；成都城北客运中心、茶店子客运站、新南门车站均有直达龙池的班车；火车北站动车直达都江堰；自驾车沿成灌高速直达都江堰

成都国际油菜花节

时间：3~4 月　**地点**：成都市金堂县三溪镇白庙村

费用：无门票

交通：成都昭觉寺客运站搭“成都—金堂”的滚发班车，金堂客运中心转搭“金堂—三溪镇”的班车；

自驾车从成南高速淮口出口到三溪镇白庙村油菜花节现场，再到三溪镇白庙村脐橙花果观光园；从成南高速到隆盛镇黄桷桠油菜花游览园

在油菜花盛开的季节，望着山间地头、高速公路两旁的金黄和田地里随风摇曳的嫩黄，闻着夹杂着空气中淡淡的清香，阳光普照，那时你一定已经深深陶醉在大自然的怀抱中。每年 3 月，成都平原盛开的油菜花将天府之国装点得分外妖娆，大片大片的金黄让众多出行的人沉醉不已。

油菜花节主会场设在金堂县三溪镇，油菜栽种面积达 19 万亩，这里地处龙泉山脉丘陵区，因地势起伏，每到花开时节，金色的油菜花像一条条金黄的绸带，环绕着山峦，错落有致，层次分明，成为乡村田野上一道亮丽风景。同时，三溪镇也是四川最有名的优质脐橙基地，目前尚有上千亩脐橙树林，除了油菜花，游客还可以在这里品尝一年中最甜的脐橙，欣赏到“花果同树”的奇景。

成都新津梨花节

“西川供客眼，惟有此江郊”的新津，江河如带，人杰地灵。每年 3~4 月，成都平原赏梨花的最好去处莫过于新津梨花溪。它位于新津县的永商镇境内，山路蜿蜒，山势起伏，峰回路转之时，满眼如云似雪的白，切身感受“千树万树梨花开，忽如一夜春风来”的美景，伴着金黄的油菜花、青翠的麦苗、闪光的水塘和青堂瓦舍的农家，宛如世外桃源的梨花溪即现眼前。溪因花美，花因溪媚，梨枝疏影横斜，小溪水流清浅，若值花开烂漫之时，微风拂过，落英缤纷，花至溪中，满溪溢香。梨花溪风景区距离新津县城 3000 米，占地近万亩，因花开时如云似雪而得名。景区内茂林修竹，绿荫扶疏，泉水叮咚，怪石峥嵘。成片梨花似海，梨树成林成行，人入梨林，如游花海。这里被称为梨花最美的区域，山坡之上，梨林花漫，青草野花，宛如远离人间的仙境。

千树花开胜雪，春风过处淡香；松涛万亩青山，山谷春花似海。每至梨花盛开时，或成片如海，或散落山涧，花拥香宜，步步醉人。农家乐是景区旅游接待的主力军，在院落花下，设休闲桌椅，闲坐花中，品茶闲坐，花香阵阵芬芳，春风清新柔润，因此这里被誉为城市之外“养心洗肺”的纯净乡村。为了保护景区良好的自然生态，新津县政府在景区设立了数万亩松树林保护区，尤其是位于深山中的梨花沟，空气异常清新，如有雅兴，则可登山穿林，体验山区特有的丛林散步乐趣。

时间：3~5 月　**地点**：四川省成都市新津县梨花溪景区　**费用**：花舞人家景区门票 60 元／人
交通：自成都新南门、石羊场、红牌楼、城北客运中心乘车到新津，再转乘至梨花溪景区的车；自驾车沿成雅高速公路行驶

成都周边更多赏花去处

花会活动	日期	地点
温江兰花节	2~3月	温江区天府花城
海棠花会	2月28日~3月28日	双流县棠湖公园
杏花节	3月	福洪乡杏花村
桃花诗会	3月	青白江区清泉镇、姚渡镇
葛仙山赏花节	3月	彭州市葛仙山镇
青白江李花节	3月	青白江区姚渡镇红星村、红岩村、牌坊村
郫县海棠文化节	3月	郫县友爱镇农科村景区
红岩梨花节	3月中旬	彭州市红岩镇
崇州梨花节	3月1~20日	崇州市济协乡
崇州油菜花节	3月1~20日	崇州市道明镇
青白江樱花节	3~4月	青白江区姚渡镇凉水村
双流梨花节、枇杷节	3~5月	双流县大林镇、太平镇、永兴镇
成都（蒲江）樱桃节	4~5月	蒲江县合江镇
金堂梨花节	4月	金堂县栖贤梨花沟
新津梨花节	4月	新津县花舞人间
青白江玫瑰节	5月	青白江区城厢镇
天府玫瑰节	5月	郫县花园镇天府玫瑰谷景区
金堂荷花节	5~6月	金堂县广兴镇桂花湾村

四川省内春季赏花线路

雅安油菜花

成都—上里古—芦山龙门洞

花开了，那一片片有灵性的油菜花，使大地呈现出祥瑞之景。恰逢油菜花期，叶少枝繁，虬须互绕，姿丰势旺；朵朵黄花，巧着翠茎，缘下盘上，渐次绽开，像打翻的一瓶黄色颜料在大地上肆意汪洋，给人强烈的视觉冲击。油菜花海连绵起伏，太阳的光芒洒在花海上，泛起金色的光泽，闪闪烁烁，微风徐来光影欢跳。田间花海，则随梯田起伏，层层叠叠，气象万千。怒放的油菜花变化万千，花姿、花影、花雾、花潮让人陶醉。

雨城雅安是一个位于川藏线上名字优美的小城，上里古镇这个昔日古道上的驿站，伴着清晨青衣江袅袅晨雾醒来，春日的巴蜀大地百花盛放，金黄色的油菜花一路陪伴着我们，清新的空气令人备感舒畅，窗外烟雨迷蒙，如丝如缕的绵绵春雨，让人融入这个古老而充满文化气息的古镇。

芦山的油菜花不同于平原的油菜花，它们生长在山区，更显生动、更具活力；芦山的油菜花不同于罗平的油菜花，它更鲜艳，更富色彩。游客来芦山可以观花海，弄花潮，寻花思情，踏花高歌。来到芦山，你将沉浸在芬芳的花香中，感受春日浪漫。

时间：3~5 月
沿途景点：蒙顶山、碧峰峡、上里古镇、樊敏碑阙、王晖石棺、龙门洞
费用：上里古镇无门票；芦山龙门洞门票 50 元／人
交通：成都新南门汽车站—雅安旅游汽车站，雅安旅游汽车站有直达上里古镇的大巴；雅安北二路汽车站到芦山，滚动发车；自驾车沿成雅高速，在雅安北出口下，经下里（碧峰峡）、中里到达上里；从雅安出发，经康藏路、210 省道到达芦山

东拉山大峡谷桂花

成都—东拉山大峡谷—神木垒

春季是万物复苏的季节，也是东拉山大峡谷最绚烂多姿、色彩斑斓的季节。8 月的桂花 4 月开，东拉山大峡谷万余亩野桂花全部盛开，漫山遍野被淡黄色的桂花包裹着，整个山谷飘着桂花的芳香，清甜的花香让整个峡谷荡漾着一阵阵芬芳，浓浓地、醇醇地、幽幽地袭来，沁人心脾。万亩野生桂花林开始绽放自己一年中最美的时刻，朵朵黄色的小花从赶羊沟向桂嫱湾方向绵延 10 余公里，花期一直会延长到“五一”黄金周前后。东拉山大峡谷赶羊沟风景片可以用“黄云阵阵，香风习习”来形容，浓郁的桂花香味能在 20 公里外的宝兴县县城中闻到。

作为夹金山国家森林公园的重要组成部分，神木垒面积达 60 平方公里，景区海拔从 2300 米一直上升到 4300 米。最让人怦然心动的是神木垒原生态的风景，这里既有参天古木，也有高原草甸，原始森林保存得很好，新修建的旅游山道和木桥让人轻松穿行在空气清新的天然氧吧里，藏族牧民的牛羊、骡马甚至放养的猪儿在山坡的草甸上惬意地啃食牧草，让人觉得仿佛到了世外桃源。有些藏民牵着牧马向游人推销他们的服务——骑马上山。

时间：4~5 月
沿途景点：东拉山大峡谷、风桶寨、邓池沟天主教堂、硗碛藏寨、神木垒
费用：东拉山大峡谷旺季门票 50 元 / 人、淡季门票 40 元 / 人；神木垒门票 60 元 / 人
交通：新南门汽车站—雅安汽车站—宝兴县—东拉山大峡谷—神木垒；
自驾车沿成雅高速—康藏路—210 省道—宝兴—陇东镇—东拉山大峡谷—神木垒

龙苍沟鸽子花

成都—蜂桶寨自然保护区—龙苍沟

在夹金山下的蜂桶寨自然保护区的深山老林中生长着一种别名叫“鸽子树”的植物，它专与风景优美的名山大川结缘，极富传奇色彩。珙桐虽然树姿壮实，但却像一位羞答答的姑娘，世世代代过着“隐居”的生活，“锁在深山人未识”，致使当初全世界误以为它已灭绝。珙桐是世界著名的观赏树，树干挺直，树皮灰褐，密枝上斜，阔叶浓冠，全树呈圆锥形，恰似一只鸽笼，而且“关”着无数只“白鸽”，“翅膀”扑扇扑扇的，跃跃欲飞，这种天生的奇景，实在使别的树木望尘莫及。树之美是自然之美，人也爱这种自然美。

春天是龙苍沟最美的季节，珙桐沟内，国家一级保护植物活化石珙桐成片分布。站在林区公路上向下望去，满山满坡都是珙桐树矫健的身影，珙桐花开，似白鸽翩跹，与此起彼伏的清翠鸟鸣相映成趣，景象颇为壮观，故又命名为“百鸽唤禽”。

时间：4~5 月
沿途景点：蜂桶寨、云峰寺、龙苍沟、凰仪
费用：蜂桶寨成人票 30 元 / 人，儿童票 15 元 / 人；龙苍沟门票 30 元 / 人
交通：成都新南门客运站—雅安旅游客运站—宝兴县—蜂桶寨自然保护区—宝兴县—雅安旅游客运站—荥经县—龙苍沟森林公园；自驾车沿成雅高速—康藏路—210 省道—蜂桶寨—210 省道—龙苍沟

PART 2 清凉一夏

夏季亲水游

大英死海

大英死海位于遂宁市大英县，紧邻高速公路出口，这个与远在中东的死海遥相对应的“中国死海”是一个形成于1.5亿年前的地下古盐湖，据说是以享誉中外的“卓筒井”技术，将深藏于地下3公里的盐卤水汲取上来后才建成了这个乐园。中国死海园区占地面积2000亩，内有水上漂浮电影院、水上漂浮卡拉OK厅、海盗滑水、海岸烧烤、温泉等娱乐设施，是一个以“死海漂浮”为主题的水上乐园、一个“不死之海”、一个“旱鸭子”的王国。

费用：成人票180元／人，儿童票120元／人

交通：成都十陵客运站有大巴发往大英（票价40元／人）

食宿：太阳城，电话：（028）85065555、（0825）7855555；酋长别墅，电话：（028）85065555、（0825）7855555

特产：天保文旦柚、白柠檬、玉酿仙珍

虹口漂流

都江堰虹口乡是距成都最近的原始生态旅游区，位于都江堰市境内，距成都约70公里，只需一个多小时车程，它是一个由364平方公里的森林植被组成的国家级自然生态保护区。旅游区内有300多平方公里的原始森林和几百种野生动物，四季长流、清澈见底的白沙河贯穿全区，河两岸竹木蓊郁，山峦相峙，立壁如削，堪称“成都小三峡”。虹口漂流接待中心距离都江堰18公里，占地60余亩，海拔1500米，年平均气温在12℃左右。这里还有风味独特的餐厅、川西特色民居别墅、小木屋、野战活动屋，是避暑、休闲、度假、会议的理想场所。去虹口不漂流，就等于没有到过虹口。

费用：成人票170元／人，儿童票75元／人

交通：成都火车北站有高铁直达都江堰（票价15元／人）；从都江堰坐面包车到虹口（票价5元／人）

美食：野山烤提供当地美食，电话：（028）83503337

住宿：二王庙宾馆，电话：（028）87113888

特产：青城茶、洞天乳酒

山中寻幽

碧峰峡

初夏季节，游客可以在碧峰峡的山水之间恣意呼吸“天府之肺”带来的充沛负氧离子，让平时紧张工作的身心得以放松。碧峰峡山势不陡，适宜全家老少漫步其中，行至高处，举目远眺，碧峰峡好似一幅水墨画卷。除了登高爬山，还可以与这里的野生动物们亲密接触，凶猛的非洲狮、东北虎、梅花鹿、金丝猴游客还可以与鸵鸟比一比谁跑得快，或观看大象逗趣地投篮；人气最高的非大熊猫莫属，碧峰峡园区内的大熊猫呈现熊猫家族的不同脾性，这个假期，不妨到碧峰峡一探熊猫宝贝们的憨态形象！

交通：成都新南门车站有直达碧峰峡的大巴（票价 50 元／人） **费用**：自然峡谷风景区门票 118 元／人，野生动物园门票 130 元／人
食宿：碧峰峡大有来头休闲庄，电话：13981614044 **特产**：竹笋、天麻

天台山

天台山位于邛崃市西南端，属邛崃山脉，距成都 110 公里，距邛崃 45 公里，景区面积达 192 平方公里，主峰玉霄峰海拔 1812 米。天台山为国内罕见的箱状向斜山地，丹霞地貌变化丰富，山体由西南向东北倾斜成“U”字形，山势亦由低到高，形成三级台地，故有“天台天台，登天之台”之说。景区气候温和，雨量充沛，年均气温 16℃，森林覆盖率达 94.4%，动植物种类丰富，有珙桐、红豆杉、银杏等 20 余种国家保护珍稀植物及大熊猫、红腹角雉、大鲵等 7 种国家保护珍稀动物。目前天台山已被纳入四川省大熊猫栖息地世界自然遗产的申报范围。

费用：门票 80 元／人（一票制），如有兴趣还可坐人力滑竿至山顶（价格约 20 元／人），进入十八里香草沟 10 元／人
交通：新南门车站有直达天台山的大巴（票价 35 元／人）
食宿：天台山上有很多山间酒店及农家乐，提供食宿
特产：文君酒、文君绿茶、瓷胎竹编工艺品

蜀南竹海

蜀南竹海位于四川南部宜宾市境内长宁、江安两县交界处，北距成都400余公里，以万顷竹海著称。蜀南竹海内的124个景点分布在长约13公里、宽6公里的500多座山丘上。这里海拔高度为600~1000米，全年气温界于0℃~30℃之间，冬暖夏凉，一年中春、夏、秋三季皆适合旅游。蜀南竹海以雄、险、幽、俊、秀著名，其中天皇寺、翡翠长廊、茶化山、花溪十三桥等景观被称为“竹海十佳”。

交通：成都新南门客运中心有直达竹海的大巴，每日8:00发车，行程4小时（票价85元／人）；成都五桂桥车站到宜宾高速客运站（40分钟／趟，票价86元／人），转乘3路／4路公交到南岸汽车站，乘大巴（15分钟／趟，票价15元／人）直达竹海；宜宾包车150元

住宿：农家客栈可在乡游网预订，清馨人家、观仙楼宾馆、紫云山庄等，标间价格约100元

美食：竹叶黄笆、熊猫大餐、宜宾燃面、鸡丝豆腐脑、南溪豆腐干、葡萄井凉糕、沙河豆腐、筠连水粉、竹荪炖鸡面等（熊猫大餐即全竹宴，价位300~400元／桌；建议在农家乐点餐，消费合理）

费用：旺季（除12月1~31日）门票110元／人

龙须沟

龙须沟风景区比较隐秘，坐落在邻水县甘坝乡境内，位于华蓥山最高峰——高登山南麓，面积15平方公里，距县城10公里、华蓥市12公里、广渝高速路5公里，公路四通八达。其独特的自然风貌和人文景观如同蒙上面纱的美女羞涩地掩隐在深山沟壑之间，难为外人所知晓。

费用：龙须沟风景区门票50元／人
交通：成都十陵车站有到邻水的直达大巴（票价110元／人）
美食：喜来福酒楼提供美食，电话：（0826）3416850
住宿：梓园宾馆，地址：广安市邻水县古邻大道47号，电话：（0826）3233706
特产：御临龙须茶、“陈龙”牌手工挂面

龙池

龙池离成都市只有一个半小时车程，该景区由于海拔高、森林覆盖面积大等特点而成为成都市民避暑的首选地。该景区山上夏天的气温比成都市要低 10℃，在山上深溪中戏水还会感觉到一丝凉意。

交通：成都茶店子车站有大巴开往龙池（票价 30 元／人） **食宿**：流花山庄，电话：（028）87264161 **特产**：川芎、猕猴桃

自怀

自怀位于合江县自怀乡境内，距酒城泸州120公里、距重庆170公里，景区总面积约200平方公里，森林覆盖率达80%以上，是一颗镶嵌在川南的绿色明珠。

自怀风景区是世界同纬度上唯一的，也是保留最完整的常绿阔叶林带，景区在1989年被列为省级风景名胜区。自怀景区承露沟入口处的一块直径3米的红色岩石上有一幅天然形成的“乾坤八卦图”；天堂景区的黑龙潭畔也有一张图案玄奇、风骨遒劲的“天堂神秘图”，它出现在一块高约5米、宽约4米的巨石上，这图如何形成，世人众说纷纭，其内容至今也无人破译。

自怀景区景点众多，游乐项目丰富多彩，美不胜收的原始自然风光和独特的人文景观会令您一饱眼福。景区内接待条件优越，已建成集食、宿、娱、购于一体的乾坤山庄、兑震山庄和迎宾楼。野味餐、水豆花、香腊肉、梅子酒令人垂涎欲滴、乐不思归。

交通：成都新南门车站有大巴直达自怀（票价100元/人）
美食：自怀熊猫餐是产自当地原始森林的纯天然美食
住宿：东方宾馆，地址：泸州市合江县，电话：（0830）5264488；荔城宾馆，地址：泸州市合江县建设路17号，电话：（0830）5219300
特产：玉兰片、竹笋、先市酱油

玉兰山

玉兰山风景区位于四川盆地南部边缘，是佛宝国家级森林公园的核心区。景区有森林 4.5 万亩，其中竹林 1 万亩，是地球上同纬度低海拔罕见的树种保存完好、物种十分丰富的常绿阔叶林带，是难得的天然动植物基因库。

在景区内一路行走，稍有停顿便生凉意，感觉不到这里是盛夏时节。高大的楠竹挡住了灼热的阳光，阴凉自然而来。青竹在丘陵溪谷间摇曳，形成了竹海、竹廊、竹影等美景，竹叶飞舞，鸟雀踏枝，情趣盎然。踏着绿色的浓阴，闲庭信步，有飞瀑流泉、潺潺溪水随行，也有险岩陡径突现，曲径通幽，柳暗花明。

夜里雾绕星月，弥漫着氤氲的气息，蛙声三三两两传来，盛夏之际枕着蛙声入眠，避暑静心！

费用：门票 32 元 / 人
住宿：玉兰山琴蛙湖宾馆
美食：玉兰山琴蛙湖宾馆的美食更城市化，如果想体验山乡风味，建议到度假山庄，推荐菜品有白油笋片、烧鸡公、青笋烧兔、盐菜回锅、干豇豆炖腊肉等
交通：从成渝高速出发约 212 公里（过路费 80 元），在隆昌转隆纳高速，隆昌—泸州 56 公里（过路费 20 元），泸州—合江—佛宝古镇—玉兰山 107 公里，（暂无过路费）

川西避暑胜地

夏天的高原阳光明媚，川西由于海拔高，所以虽然日照强烈，却是十分理想的避暑胜地，加之高原土地广袤，景观丰富，从川西溜达一圈回来，收获的不仅是凉爽，还有对自然的另一番理解。

花湖

花湖是若尔盖大草原热尔大坝美丽画卷中的点睛之笔，它位于热尔大坝腹地，距若尔盖县城 35 公里左右。远接天边的热尔大坝让视野更为开阔，大坝东西宽约 25 公里、南北长约 35 公里，没有一块高地，没有一棵树，只有一块平坦的坝子；公路几乎是直直地横穿整个热尔大坝，车在平坦的原野驰骋，两边都是山原、草原，间或出现一些高山草甸和湿地，远处青灰色的山峦偶尔现出了一抹洁白的身影，闪烁出银白的光，那是终年积雪的大山。

风景迷人的热尔大草原每到夏天便成了花的海洋，青青绿草远接天边，这里生活着众多的野生动物。人们习惯将这里称作热尔大坝，大坝有“神仙居住的地方”的美称，它的面积仅次于呼伦贝尔大草原，是中国的第二大草场。草原深处是沼泽，还有众多的湖泊，久负盛名的花湖就坐落在这片大草原之上。薄雾特别钟爱这块充满神性的土地，云也无比眷恋这片静谧的草原。夏天，花湖里的水草长得灿烂，湖畔芦苇连天，在风中荡起一层层绿色的波浪，而那 300 余亩的水面在风中反射出粼粼波光；花开的时节，一湖耀眼的亮丽的色彩宛若美丽的女子含情的秋波，让你不知这究竟是湖，是花园，还是闪耀星光。

花湖是众多野生飞禽的主要栖息地，湖面上游着黄鸭、斑头雁、天鹅等珍稀动物，观景的桥延伸到了湖里，信步走到小亭之上，看碧波荡漾，听虫声鸟鸣，独自去体味那种浩渺与无垠。天鹅、黑颈鹤、丹顶鹤、藏鸳鸯、红嘴鸥、秃鹫、老鹰、旱獭、臭鼬、狐狸、野兔等众多的高寒湿地所特有的野生动物也在这自由生长和生活。

费用：景区门票 58 元 / 人、电瓶车车票 20 元 / 人
交通：成都茶店子客运中心站有大巴直达若尔盖，大约需 12 小时；每天上午有 7:00 和 7:20 两班（票价 81~88.5 元 / 人），视当时车辆的档次而定
食宿：当地有帐篷宾馆（住宿费用 50 元 / 间）提供当地特色饮食

唐克乡

唐克乡是看九曲黄河第一弯的好地方，而最好的地方是索克藏寺后面小山的山顶。这是一个海拔接近 4000 米的地方，每走一步，都会明显感到心脏的负担又加重了一点。海拔每提升 1 米，视野内的景物就变化一次。在山顶可以看到九曲黄河第一弯的绝美景色，可体会到水天一碧，碧波连秀，变化万千的含义。

登上索克藏寺背后的山顶可以鸟瞰索克藏寺，索克藏寺藏语为“札西特钦伦”，意为吉祥大乘洲，位于九曲黄河第一弯处，始建于 1658 年，面积 7.6 万平方米，有僧侣 200 余人。寺院建筑宏伟壮观，各殿陈列有金、银、木、泥质的佛像、神像千余尊。和九曲黄河第一弯相比，黄河仿佛从天边曲曲折折一路走来，没有气势磅礴，没有浊浪滔天，听不到惊涛拍岸的声音，也看不到高出地表的堤岸，它始终情意绵绵地弯曲迂回于唐克金银滩，犹如一条条流畅的飘带。

食宿：唐克乡酒店不少，但多以家庭旅店为主，条件设施普通。东洲家园为乡上较好的旅舍，主要以标准间为主，有少量的单间；黄河九曲第一弯酒店位于黄河九曲第一弯景区内，距索克藏寺 100 米，为四星级酒店

瓦切乡

瓦切经幡群位于四川省红原县瓦切乡，此地是一"丁"字路口，北距黄河第一弯 60 公里，南距红原县城 40 公里，往东 150 公里是松潘县的川主寺。这里有纪念第十世班禅大师的诵经祈福之地瓦切塔林，塔林周围是一片连绵的经幡，甚为壮观，瓦切塔林藏语意为"大帐篷"。

经幡是藏区普遍存在的一种图腾，它是在布、麻织品上书写经文，然后将其插在山巅、路口、河边等地，其意义为用自然之力来诵经，以保平安吉祥。经幡在藏区的插法各地也不尽相同，红原瓦切的经幡围成帐篷状，而且瓦切经幡群面积之大也为藏区所少见。经幡群旁边还有一片白塔和转经筒，常有藏胞在此转塔、转经。

瓦切乡以美丽的大草原为背景，具有丰富的旅游资源，伴随着省、州重点工程和牧民新村的建成，瓦切乡声名远扬。目前该乡牧民新村以民俗文化风情村的模式进行开发，村里的家庭旅馆已具有接待旅游团体的能力。

美食：切瓦藏家乐提供餐饮服务
住宿：除在切瓦藏家乐住宿外，还可以前往红原县县城住宿，红原宾馆，地址：红原水利局斜对面，电话：(0837) 2663973

丹巴美人谷

丹巴美人谷位于丹巴县城约 26 公里的巴底乡沿山谷上行 10 多公里便可到达邛山村，它由无数漂亮的藏寨相连而成，使整个山谷漂亮异常。

美人谷的女孩不施粉黛，也不用华丽的衣饰去装扮，她们不怕风吹、不惧日晒，艰苦的体力劳动之余，稍加梳洗便气韵毕现，曲线天成。天生的冰肌玉肤似乎永远含烟凝碧，瘦长而丰腴的体态似乎永远婉转有致，劳动的打磨没有使其粗糙、变形，反而更加健美。当然，她们并不拒绝盛妆包裹，天生丽质衬以时代包装，更突显佳人气质。

食宿：美人谷食宿条件较差，建议在丹巴县城食宿，秦妈火锅全国连锁丹巴店，地址：丹巴县计划生育服务站西侧，电话：（0836）3523636；
美人谷宾馆，地址：四川省甘孜州丹巴县光明路 23 号，电话：（0836）3521038

塔公草原

塔公距康定县城113公里，从康定沿川藏公路西行，翻越折多山，过新都桥后北行抵塔公寺，塔公寺为景区的中心。景区景点众多，分布于川藏公路两侧，河流、草原、森林、山脉、寺庙、藏房建筑和浓郁的藏乡风情都是构成该风景名胜区的因素。

“塔公”藏语意为“菩萨喜欢的地方”，它位于海拔3730米的高原地带，草原面积712.37平方公里，地势和缓，草原广袤，水草丰茂，牛羊成群。每当夏秋之季，塔公草原风光如画，在茵茵草地上，种类繁多的野花竞相绽放，绚丽多彩。当游客徜徉于花海之中，顿感飘飘欲仙。在晨曦初露的早晨，散落在草原上的牧民黑帐里炊烟袅袅，时时飘来阵阵奶香、茶香。早牧的牧民挤完牛奶后，赶着牛群走向草原的深处，时面传来阵阵吆喝声和悠扬婉转的牧歌，给大自然平添了无限生机。在花团锦簇的草地上架起帐篷，或是到牧民家中做客，了解牧区生活，感受高原的魅力，定会给游客一种难以言表的满足感。

美食：塔公镇上有豆瓣抄手、砂锅刀削、清汤刀削、丁三哥牛杂等

住宿：新都桥木雅背包客栈，电话：(0836)2866565；康定二道桥温泉宾馆右靠益龚山，左邻雅拉河畔，建筑极富民族特色，电话：(0836)2821352

新都桥

小桥、流水、藏族村寨加上山和树，构成的是一幅田园牧歌式的风景画。它不同于江南的小桥流水那般娟秀细腻和烟雾朦胧，有的只是浩渺和厚重，这一切源于它的凝重色彩。路旁的溪水上有许多座用石头和木头搭成的小桥，古朴简约，小溪的那边是一直延伸到远处的青稞田，在青稞成熟的季节，你会看到黄的青稞、绿的苜蓿，以及三三两两走入这画卷中的身着藏装的人们。

新都桥镇又叫东俄罗，海拔 3300 米左右，高原气候，温差较大，气候多变，初次上高原的朋友可能有不同程度的高原反应。它是川藏线南北分岔路口，北通甘孜、南接理塘，是从西藏通往康定的必经之路。距离成都 437 公里，距离康定城 80 公里，途中要翻越海拔 4300 多米的折多山，可远眺蜀山之王“贡嘎山”。沿着川藏公路南线前行，只见一个个典型的藏族村落依山傍水地散布在公路两旁，一条浅浅的小河与公路相依相偎地蜿蜒流淌，房前路旁矗立着一棵棵挺拔的白杨，在秋风秋阳中炫耀着特有的金黄。一群群的牦牛和山羊，点缀在新都桥田园牧歌式的图画中，平添出勃勃生机。远处的山脊舒缓地在天幕上划出一道道优美的弧线。满眼蓝色、白色、金黄、黑色、绿色的饱和色块，在明丽的光线的描绘中，突显着流畅的色彩和线条，使我们恍如置身画中。

交通：去新都桥可从新南门坐车到康定（票价约 110 ／人），早上 7:00~14:00 都有发车，车程为 6~8 小时；从康定到新都桥可在当地包车前往，车程大概 2~3 小时

美食：新都桥镇上邛崃土地坡饭店提供美食　**住宿**：百家乐饭店，地址：甘孜康定县新都桥镇，电话：（0836）2866628

特产：康定雪茶、高原人参

乡城

站在乡城巴姆山的山上可以俯瞰整个乡城，天气较好时可以看见云朵似乎就在城郊，会发现远处一座座的白藏房像是白云一般在那停留着，非常好看。当太阳从东边的山谷中升起时，形成一条朝霞的光带，把白藏房的轮廓一下子勾勒了出来，这时是绝佳的拍摄时间。云般的薄雾、白藏房和庄稼不断地变换着色彩，让你的眼睛无法反应过来这是什么情景，仿佛身在仙境。

美食：乡城川渝老鸭汤提供美食，电话：（0836）5825345

住宿：七湖宾馆，地址：乡城县香巴拉镇香巴拉南路 144 号，电话：（0836）5825059

亚丁村

亚丁自然保护区面积1000余平方米，其主体部分由3座完全隔开，但相距不远，呈“品”字形排列的雪峰构成。3座雪峰洁白峭拔，似利剑直插云霄。北峰“仙乃日”海拔6032米，像傲然端坐莲花座的大佛；南峰“央迈勇”海拔5958米，像娴静端庄、冰清玉洁的少女；东峰“夏诺多吉”海拔5958米，像雄健刚毅、神采奕奕的少年。

这3座雪山佛名为三怙主雪山，在世界佛教24圣地中排名第11位，“属众生供奉朝神积德之圣地”。据历史记载，公元8世纪，莲花生大师为贡嘎日松贡布开光，以佛教中观音、文殊、金刚手菩萨分别为三座雪峰命名加持，贡嘎日松贡布从此蜚声藏区。一生当中至少去一次贡嘎日松贡布转山朝觐是每一个藏人的夙愿。

费用：门票128元／人，亚丁—冲古寺租马费80元／人；亚丁—络绒牛场租马费198元／人

伍须海

伍须海是国家级贡嘎山风景名胜区的重要组成部分，位于九龙县的北部，由山峰、原始森林、林中溪流、五花草甸、高山草甸与湖泊、奇树和各种珍稀动植物及独特的藏族风情组成。

伍须海被当地人喻为“仙女梳妆的明镜”，原始森林和宽阔的草甸环绕湖泊，湖水碧绿透明，环境幽静。从夏到秋，周围百花盛开，争奇斗艳。古树盘根错节，藤枝攀延缠绕，杜鹃树伸向湖面，这一切使伍须海显得原始、古朴，当你置身其间，仿佛进入仙境。十二仙女峰，峰峦秀丽，形如仙女亭亭玉立，与伍须海遥相辉映，每当晨曦微露，薄雾轻泛，湖面一片蒸腾，人们称“仙女早洁”。夕阳西下，十二仙女峰倒映于湖中，如仙境一般，人们称“仙伍须”，藏语意为“向阳的好地方”。

美食：洪城鲜椒鱼庄提供特色美食，地址：九龙县广电局南侧，电话：15808368929

住宿：龙海大酒店，地址：四川省甘孜藏族自治州九龙县弯硐路12号，电话：（0836）3321222

PART 3 秋天彩色之旅

东拉山

秋天的东拉山安静而甜美，霜降后山上的枫叶由绿转红，放眼望去层林尽染，美不胜收。红色的枫叶随峡谷地貌和山形变幻高低起伏，那红色也如国画一般深浅不同，相映成趣。在远处望去如波似浪的红叶云涛配上那山中氤氲如幻的云雾，又有谁敢说这不是奇境？而那峭壁挂红，红叶翻飞，青衣江映带左右的情景又怎不是梦幻？

东拉山目前拥有东拉山沟、赶羊沟、鹿井沟、桂嫱湾、猫子湾五大景区，最高峰武檀雪山海拔 5338 米，核心观赏区海拔 1800~2200 米。

交通：成都新南门车站有班车前往宝兴（票价 60 元／人），从宝兴包车到东拉山（200 元／车）

美食：宝兴牛肉值得推荐；香锅里辣，地址：雅安市宝兴县，电话：（0835）6823909

住宿：东拉山只能露营，推荐在宝兴住宿，夹金山大酒店，地址：雅安市宝兴县穆坪镇沿江路 38 号，电话：（0835）6823535

特产：宝兴贡砚

交通：成都石羊车站有直达荥经的大巴（票价 55 元 / 人）
美食：荥经挞挞面
住宿：荥经饭店，地址：雅安市荥经县繁荣下街 45 号，电话：（0835）7629888
特产：荥经黑砂（黑砂陶器）

龙苍沟

秋天是龙苍沟色彩斑斓的季节，每年“十一”以后，秋风开始为苍茫的林海缀上颜色。这时鲜艳的红叶从新芽中浮出来，十分引人注目。由于龙苍沟森林以落叶和常绿阔叶林为主，因此秋天的龙苍沟万山红遍，层林尽染，又因为地势相对平坦，视野开阔，秋高气爽，森林植被景观气势不凡。

红叶彩林景观从海拔 2000 米开始出现，在那里可以看见杂生于箭竹林与枯立林中的红叶，翠绿的竹叶把那些红叶、黄叶映衬得无比夺目。继续往上攀，红叶的面积越来越大，五角枫叶有的橘黄，有的深红。走在林中，不仅可见徜徉其中的红腹角雉和锦鸡，在幽林深处或溪涧山道边，林麝、獐、小熊猫、草兔、野猪都会与你不期而遇；如果运气好还可以见到憨态可掬的大熊猫、奔跑跃动的羚羊，而在惊叹之后回过神来，清晰地感觉到脚下红叶的柔软，听到某处溪流的潺潺声仿佛觉得时间就此凝固，一动一静中只觉得世事烦琐早已抛之一边，留下的只是那片红色和这份美丽。

黑水奶子沟

黑水是彩林的世界，在雄奇的冰川下、美丽的雪山上、独特的藏寨边，蜿蜒河流旁均有成片的彩林分布，其中最为壮观的要数奶子沟彩林区了，“奶子沟”在藏语中是美丽富饶、幸福安宁之意。

奶子沟八十里彩林风情谷因身处深谷、独享清幽雅静的奶子沟而得名，又以“美甲天下”的彩林世界而闻名。这里植被丰茂，阳光灿烂，氧气充足，是个天然的大“氧吧”。奶子沟位于黑水至马尔康的要道之间，与红原大草原相连，是中国目前已开发的面积最大、景观最壮观的红叶景区之一，是亚洲最大的八十里天然彩林，享有“八十里画廊”的美誉。树种主要由桦树、松树、柏树、枫树和各种乔木组成，还有不同色彩的针叶林、阔叶林、次生林、灌木丛点缀其间，密密麻麻地覆盖了一坡又一坡。

进入彩林世界你会感觉进入了油彩的世界，任你是语言学家、色彩学家在它面前都会感到词汇的匮乏、色彩的苍白。置身于彩林中，隐约可见古老的村寨、磨坊、转经台，不时还可以看见身着漂亮服装的藏族姑娘、小伙骑着骏马赶着一群群牛羊，在开满鲜花的草甸上驰骋，听见一阵阵牧歌随着风声飘向远方。如果有幸，还可以看见金丝猴、猕猴活跃其间。远处，座座洁白晶莹的雪山在阳光的照射下闪着圣洁的光芒……雪山、红叶、彩林、藏寨、小桥、磨坊、溪流、湖泊构成了一幅幅绝妙、美丽、古朴、生动的山野风光画卷，给人强烈的视觉冲击。八十里彩林的规模之大、颜色之丰富艳丽，实属世所罕见。

交通：成都茶店子公交站有发往黑水的大巴（票价 50 元 / 人）
美食：大自然山庄提供美食，电话：（0837）6723777
住宿：圣地酒店，电话：（0837）6722009
特产：中华寿桃

光雾山

光雾山位于四川省南江县北部边缘，景区由光雾山、龙架山、燕子岩、桃园、大坝森林公园、焦家河、韩溪河等景区组成。光雾山因常年云雾缭绕而得名，其主峰海拔 2500 米，顶峰三尖二缺，远远望去犹如一尊睡佛。光雾山最美的季节是秋季，此时金叶叠现，美不胜收。

光雾山红叶有气势壮观、色彩丰富、周期长、品位高等特点，先后曾有英国、德国、法国、加拿大和美国的植物专家前来考察，他们把光雾山景区称为“金区”，把光雾山红叶称为“金叶”。金秋十月，最早的那场秋霜悄然降临，一夜之间，光雾山便成了国画大师笔下的经典秋色。色彩的海洋能勾起人们无限的遐想，起初是零星的红叶在层林中点缀，伴着秋日的脚步，一团团金黄、橙红、橘红、深红渐渐在绿海中蔓延开来，各种色彩交织在一起如同流动的彩虹。

而这万山红遍的绚丽奇观观赏期可达两个月之久，分五彩斑斓、层林尽染、万叶飘零三个阶段。霜降刚过，层林中点点红叶便开始闪烁起来，到处五彩斑斓，“山明水净夜来霜，数树深红出浅黄”。秋意渐浓，当那火红渐渐掩盖了所有的绿，美得让人沉醉。光雾山的红叶是一日一色、一步一景，红得风韵特别，红得多姿多彩，红出了“丹枫烂漫锦装城，要与春花斗眼明”的奇妙佳境，因此被誉为“天下红叶第一山”。

交通：成都城北客运中心、新南门旅游客运中心有车发往巴中（票价约 100 元／人）；梁家巷北门汽车站有车到南江县（票价约 130 元／人），从南江坐车到桃园（票价约 15 元／人）

美食：“山菜王”位于光雾山景区内桃花山庄旁，特色菜有青椒蕨根面 10 元／份、菜豆腐 5 元／份、腊肉炒泡菜 6 元／份、灰菜泡菜 3 元／份、米豆腐 3 元／份、腊肉炒豆豉 10 元／份、鱼辣子（腌制）8 元 / 份（按席上人数上菜，1 人 1 块）、野蜂蜜酒 5 元／斤

住宿：光雾山大酒店位于南江县光雾山镇（光雾山景区外）（标间 288~488 元／间），电话：0827-8861136、8861128

特产：天麻、黄檗、杜仲等中药材、山珍野味

龙潭子

龙潭子景区位于旺苍县北部川陕边界与国华镇之间，面积约216平方公里，东邻鼓城山——七里峡风景名胜区，西接广元市界。此地总体上属岩溶中山地貌，峰顶高度一般1500~1900米，区内重山如阙、如屏如迭、嵯峨插天，景区由“潜龙十八潭”、黑角里瀑布（月亮弯瀑布）、龙潭子峡谷组成，其主要代表景观为稀世奇观“潜龙十八潭”。

深秋时节，山上的叶子全都变红，山峰层层叠叠，枫林披覆，一片火红，用毛主席在《沁园春》中的话来说就是“看万山红遍，层林尽染”。那样的红色红得透彻，不掺杂任何其他颜色，纯粹得让人无法言喻，唯有惊叹。

交通：成都昭觉寺汽车站有大巴前往旺苍（票价110元／人）

美食：老腊肉、野菜等都是独特的山区美味，米仓山饭店，电话：（0839）4310777

住宿：旺苍宾馆，地址：旺苍县商业南街22号，电话：（0839）4200000

特产：高阳茶叶、木门醪糟、米仓山茶叶、龙凤大米、核桃、木耳、杜仲

喇叭河

喇叭河位于四川省天全县南面，紧邻二郎山景区，西面与康定县接壤，东面与红灵山景区相交，北面与白沙河景区为邻，总面积达234.34平方公里。喇叭河保持了良好的原始风貌，极少的人为破坏使这里呈现出一种自然淳朴的美丽。植被分布带谱完整，动植物种属丰富、珍稀保护品种众多，其中珙桐、楠木、大熊猫、牛羚、金丝猴、金钱豹、绿尾红雉、红腹角雉、小熊猫、水鹿、林麝、短尾猴、猕猴、鸳鸯等达32种之多，这里是不可多得的野生珍稀动植物天然基因库。

金秋的喇叭河色彩缤纷，蔚蓝的天空下，云淡风轻，一尘不染，碧蓝如玉，组成了令人心醉的多彩湖景。峡谷里绵延几十公里的枫叶林就像是一条红色长廊，由上至下，层层蔓延，深浅不一，级次分明，整个景区由红叶布景，红叶镶边。枫树、连香树、水青树和槭树，灿若骄阳、红似热火，秋风起时飘飘洒洒，烂漫醉人。大峡一线天与青峰对峙，飞瀑临空。由珙桐、连香树、水青树、槭树混交组合的“四珍林”，构成优美的森林景观。

交通：成都石羊车站有大巴前往天全（票价61元／人）
美食：汪师傅鳝鱼火锅，电话：（0835）7392222
住宿：二郎山宾馆，地址：天全县安居南路1号，电话：（0835）8686666
特产：川牛膝、天全贡米、天全香谷米、二郎山山药、二郎山银耳

唐家河

唐家河风景区总面积4万公顷，位于四川盆地西北边缘，龙门山西北侧，摩天岭南麓，地处广元市青川县西北角，距成都300公里、九寨沟200公里、广元200公里、青川县城乔庄70公里。

景区作为大熊猫栖息地的重要组成部分，因其动、植物的多样性和旖旎的自然风光而闻名中外，牛羚等珍稀野生动物出现率极高，被誉为“中国的黄石公园”、“中国生态旅游胜地”。秋天的唐家河是一片彩林的世界，红叶在雨后铺满林间的小路，仿佛童话世界。

交通：成都昭觉寺汽车站有班车直达清溪镇（票价90元／人）
食宿：水豆花农家乐可提供食宿；清溪宾馆，电话：（0835）7802898
特产：野生蜂蜜

陰平古道

PART 4 冬季温泉赏雪行

邂逅温泉与雪山

西岭雪山

四川的阿尔卑斯

西岭雪山为四川省成都市大邑县境内著名景区，总面积 483 平方公里，区内有茫茫的原始林海，险峻的悬崖绝壁，数不尽的奇花异草，罕见的珍禽异兽，终年不断的激流飞瀑。这里的云海、日出、森林佛光、阴阳界、日照金山等变幻莫测的高山气象景观，使之成为成都近郊最好的滑雪场所与赏雪胜地。四川没有阿尔卑斯，却有西岭雪山，冬天的西岭雪山白雪皑皑，银装素裹，万分迷人。游人到雪山上可以尽情享受滑雪的乐趣，还有雪地滑车、雪扒犁、雪上飞伞、蛇形滑行车、雪地越野车、雪地摩托等多种多样的娱乐项目让游人玩个过瘾。

滑完雪，玩尽兴了，可以到山下的温泉里泡一泡。在严寒的雪地里泡一次热气腾腾的温泉，既能放松身体又能愉悦心情。在寒冷的冬季里享受一段美妙的西岭雪山雪地之旅，是游人不可错过的经历。

交通：成都金沙车站有到西岭雪山的直达车，但每天只有两班；建议先从金沙到大邑（票价 17 元／人），车程 1 小时左右，再自大邑搭乘直达西岭雪山的大巴

费用：西岭雪山前山门票 30 元／人、后山门票 120 元／人，西岭雪山后山坐索道单程 50 ／人，如果爬上山大概要两个半小时

美食：清蒸全鸭、荤豆花、水果泡菜、刘氏公馆菜、麻油鸡等是西岭雪山的特色美食，水果泡菜则是西岭雪山一大亮点，泡香蕉、苹果等新品种，着实让游客眼前一亮，吃起来一半水果味、一半泡菜味

住宿：景区内有多家大酒店可住宿，旺季每晚 300 元左右，建议在山下的农家乐住宿，每晚仅几十元

特产：唐场豆腐乳、山药、黄连、桃藤芋、白果、大邑老腊肉

峨眉山

雪中的仙境

峨眉山位于四川峨眉山市境内，是国家5A级风景区，景区面积154平方公里。峨眉山气候多样，植被丰富，风景旖旎秀丽、文化底蕴深厚，是中国四大佛教名山之一。

“蜀中多仙山，峨眉邈难匹”，大诗人李白面对峨眉，发出如此赞叹。冬季是峨眉山一年四季中最有灵气的季节，似梦似幻，美如仙山，因而赢得了大诗人苏东坡“峨眉山西雪千里，北望成都如井底”的赞誉。峨眉山柔媚的雪景与山脚下雾气昭昭的温泉形成“冰火两重天”的胜景，“祈福、温泉、冰雪、灵猴、金顶奇观、美食”是游人冬季到峨眉不可错过的六大亮点，这六大亮点使峨眉山的冬季成为最难得的一处世外桃源。

每逢春节，峨眉山便会举行祈福活动，撞钟祈福迎新年，金顶万盏明灯照普贤，踏入梦幻“夜花园”，每到此时许多游人便会慕名前来。

峨眉的温泉也十分有特色，氡水温泉源于3000米的地下，富含多种微量元素和矿物质，是中国少有的高品质氡水，被称为“不老泉”。景区红珠森林温泉是一处绝佳的温泉场所，28个各具特色的温泉池分布在隐秘的树林中，各个小型温泉池之间利用地形和原生的植被隔离开来，中间以石径相连，各池之间浑似独立，却又巧妙相连。

交通：从成都出发，走成乐高速公路，可以直接到峨眉山；新南门汽车站有长途车直接到峨眉山（票价约40元／人）

美食：峨眉山蒟蒻、叶儿粑、豆花、万年寺素席、荞凉粉等都是可口的美食，峨眉山上还有好吃街、特色美食村，农家乐的美食丰富多样，无比美味

住宿：峨眉山上的住宿在60~300元／人不等，旺季房间价格上涨，并且需要预订

周公山温泉

极好的养生温泉

周公山温泉公园位于风景秀丽、山环水抱的周公山山麓，公园内植被丰富、田园风光诗情画意，而品质优良、水量丰富的周公山温泉，更为天然的度假胜地注入了优质的核心资源。周公山为游客所熟悉的不是它略显一般的风景，而是这里有“蜀山第一汤”之称、开采于地下 3000 多米的温泉。周公山温泉实际上由天府温泉酒店独家经营，该酒店是一座园林式酒店，温泉池池温不同，游客可根据自己的需求而选择不同的温泉池。酒店内有一种全木建造的木屋，给人一种返璞归真的感觉。

交通：雅安距成都市 125 公里，成雅高速公路贯通其间，车程仅一个半小时；每天从成都石羊场中心站、新南门车站和十陵汽车站均有班车发往雅安，游客到雅安可打车前往

美食：雅安的雅鱼、罐罐肉

住宿：有雅安宾馆、雅安碧峰大酒店、西康大酒店等酒店住宿，价格在 100~200 元之间

特产：蒙山茶叶

攀西阳光之旅

成都平原的冬季往往离不开薄雾和阴霾，而同属于四川省的攀枝花一带却是蓝天白云、阳光明媚，成为冬季令人向往的温暖之所。

彝海
高山上的明珠

彝海又称“鱼海”，当地彝民叫“苏品”，位于冕宁县城以北 40 公里的羊坪山上，距凉山州首府西昌 117 公里，面积 1 平方公里。彝海是高山淡水湖泊，湖面海拔 2280 米，气候温凉，年平均气温 9℃ ~15℃，四季多为丽日晴空。它终年碧波粼粼，清澈如镜，从湖泊的发育上看，彝海正处在湖泊的青春发育阶段。彝海四周青松苍翠，树木众多，芳草盖地，各种山花争奇斗艳，湖面有野鸭成群结队，生机昂然。

中国闻名的“彝海结盟”的历史故事就以此为背景，湖边有彝海纪念馆、纪念碑，向人们展示中国工农红军长征的历史篇章。山水林木特别明亮清新，登高俯瞰，彝海酷似一颗镶嵌在群山中熠熠闪光的蓝宝石，晶莹剔透。它的四周古木参天，芳草盖地，杜鹃花、丁香花、山茶花争奇斗艳。湖中成群结队的野鸭飞扑鸣叫，凫游戏水。信步海边，犹如融进水墨画的笔锋墨迹之中，令人遐思万千，心旷神怡。

交通：成都石羊客运站每天 11:20 有到西昌的大巴　**美食**：坨坨肉、荞麦面、野山菌、建昌板鸭、西昌烧烤
住宿：凉山标准国际酒店，地址：西昌市三岔口东路 45 号，电话：(0834) 2161999

交通：成都新南门汽车站有到攀枝花的大巴，发车时间为 12:50
美食：盐边菜、羊肉米线、鸡棕卷粉、箐河浑浆豆花
住宿：攀枝花欧方营地酒店，地址：盐边县金河乡，电话：(0812) 8726000

格萨拉
黄金生态之地

格萨拉生态旅游区位于攀枝花市盐边县西北角，是黄金旅游线路“攀枝花至泸沽湖”的必经之地。景区景观由原始森林、天坑地漏、岩溶景观、高山草甸和彝家风情等组成，被誉为“天然地质博物馆”。这里群山绵绵，峰回路转间，时而黄土高坡，时而丛林密布，鲜花万朵。这里地质地貌变化极大，一位资深的地质学者曾说“此地山川地貌堪与九寨、黄龙媲美”。

格萨拉的民俗风情富有彝族民族文化的色彩，原始的自然风貌远离都市的喧嚣而未受到人为的破坏，古朴的民俗民风一直延续而流传至今。万亩杜鹃花开的时节，这里就是花的海洋，衣着艳丽的彝族阿咪（年轻女子）在花丛中翩翩起舞，放声高歌，是人与自然的完美结合。

安宁河谷

风吹来阳光的味道

安宁河谷位于凉山州中部和攀枝花市东部，安宁河古称孙水、白沙江、台登水、西泸水，清代始名安宁河。它为金沙江二级支流、雅砻江一级支流。

安宁河发源于冕宁县北部菩岗西南麓柯别河与牦牛山端东麓的北基河，由北而南经冕宁、西昌、德昌 3 个县，最后在攀枝花市的米易县境内注入雅砻江。安宁河全长 337 公里，凉山州境内流长约 243 公里，流域面积为 11150 平方公里，年径流总量达 76.4 亿立方米，河口多年年平均流量每秒 234 立方米，其支流短小，多呈直角汇入，为不对称的羽状水系，主要支流有南河、孙水河、茨达河、锦川河等。

安宁河流域谷地宽，其中，西昌市境内达 8~12 公里，是川南最大的河谷冲积平原，也是凉山州最大的产粮区，号称“第二个成都平原”。安宁湖有众多岛屿和彝家山寨，民俗风情浓厚，森林资源丰富，是观光度假、水上运动的理想之地。

交通：成都石羊汽车站每天有到西昌的大巴
美食：熊掌豆腐、鱼香茄子、蒜泥白肉、麻婆豆腐
住宿：老甘宾馆，地址：冕宁马营巷 48 号，电话：（0834）6729883

螺髻山

第四纪古冰川天然博物馆

螺髻山位于四川省凉山彝族自治州首府西昌市城南30公里处，跨西昌市、普格县、德昌县一市两县，主要景区面积1083平方公里，主峰海拔4359米。螺髻山之名源于与峨眉山的“姊妹”关系，“峨眉山似女人蚕蛾之眉，螺髻山似少女头上青螺状之发髻”。

冬季的螺髻山景色迷人，是我国已知山地中罕见的保存完整的第四纪古冰川天然博物馆。古冰川遗迹中的角峰、刃脊、冰斗、冰蚀洼地、冰蚀冰碛湖、冰坎、冰阶、冰溜面、冰川刻槽、羊背石、冰原石山、侧碛垄等古冰川风貌，具有很高的旅游、探险、科考价值。其中冰蚀冰碛湖最为壮观，螺髻山冰蚀冰碛湖分布于海拔3650米以上的各期冰围和冰斗中。据不完全统计，终年积水的大小湖泊有50余处，多呈圆形或椭圆形，水面宽度多数为200~300米，湖水深度一般为7~8米，冰蚀湖的湖底、湖畔多铺有巨大的石条、石板，部分为裸露基石，冰碛湖的湖底、湖畔则以岩块、砂屑为主，部分湖泊有伸入的半岛或湖心岛，所有湖泊的周围都有大量的冰蚀现象和各种冰碛物。湖水则由于基岩颜色、湖周植被或腐植质、湖中水草等的不同而显现翠蓝、棕红、棕黄、草绿、墨绿等颜色，美不胜收，变化万千。

交通：成都石羊客运站每天有成都到西昌的大巴

美食：坨坨肉、荞麦面、野山菌、建昌板鸭、西昌烧烤

住宿：凉山标准国际酒店，地址：西昌市三岔口东路45号，电话：（0834）2161999

米易

浓郁民族风情之城

米易县位于青藏高原东南缘、四川省西南角，是攀枝花市的北大门，这里的民族风情十分浓郁。米易县历史悠久，古为邛都部落，古老的文明历史、迷人的边地风情孕育了丰富奇特的人文资源。在这片资源独特、富饶美丽、兴旺发达的土地上，生活着彝族、藏族、羌族等25个民族，米易有被列为省级文物保护单位的清真寺望月楼和何家坝新石器时代遗址，有绚丽多彩、原始古朴的傈僳族文化和彝族风情。

交通：成都石羊车站到米易的长途汽车（票价236元/人）

美食：米易的水果十分出名，梨、樱桃、杧果又大又甜，水分足，小吃撒连凉粉值得一试

红格景区

攀南的温泉养生地

红格景区位于攀枝花市区东南部，距市区38公里，总面积174平方公里。景区内风光秀丽，加之白、彝、傣、普米、回等少数民族丰富多彩的民族风情使整个景区分外迷人。景区分为3个大区：红格温泉疗养区、热带植物游览区、少数民族民俗风情游览区。红格温泉水温达58℃，水质优良，对皮肤病有疗效；温泉周围群山环抱，绿树成荫，周围芭蕉树成林，每当紫金花盛开，呈现一派南亚热带的风光。热带植物区内有热带的杧果、荔枝、油茶、凤梨、柑橘等，瓜果成丰，林木苍郁，景色古朴自然。在少数民族民俗风情游览区，游人可参加火把节、篝火晚会，并品尝彝族风味。

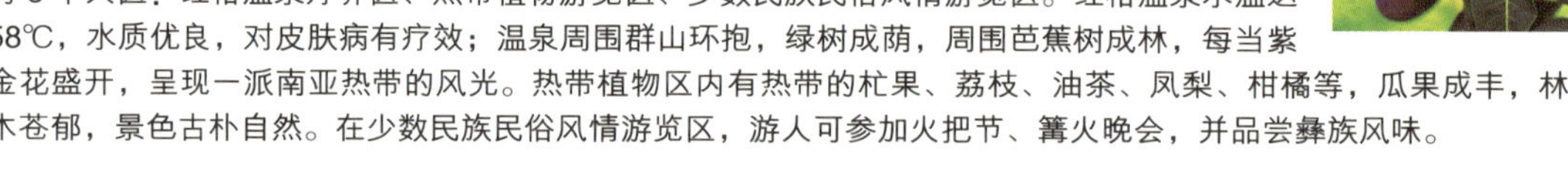

交通：成都新南门汽车站有到攀枝花的大巴，发车时间为12:50

美食：彝家罐罐茶、傈僳油盐茶、傣家竹筒茶、白族米花茶、马帮姜汤茶、纳西龙虎茶、摩梭炒油茶、盐边油茶汤

住宿：攀枝花欧方营地酒店，地址：盐边县金河乡，电话：（0812）8726000

九襄小镇

来了就不想离开的小镇

九襄位于汉源县境内，古称汉源街，历史悠久；古蜀国时的笮都，汉代的沈黎郡、牦牛县，都在此设治，解放初期这里曾成为汉源县城，后来才迁到富林镇，但是九襄的大镇风采依旧存在。九襄位于流沙河畔的坡上，新旧城区泾渭分明，现代与传统兼收并蓄。在新城区，高楼林立，而走进镇下方的老街里，映入眼帘的是典型的明清建筑。老街道长约 1 公里，房椽当街伸，木板房挤挤挨挨，雕花廊柱与雕花窗很多，房与房之间有的地方还有风火墙。九襄不仅新城老街美，自然风光也不错，这里的汉墓和汉代的文物都很丰富，但是现在九襄最出名的是“双节孝”石牌坊，这座雕刻有 48 部戏曲故事的石牌坊被省政府列为省级文物保护单位。到九襄不看石牌坊是很遗憾的，石牌坊位于紧靠九襄老街的古代南方丝绸之路的官马大道上，几十年前，牌坊旁还有一个古道指路碑（后来被毁），它证明了石碑坊所在的位置与古道的关系。

交通：成都石羊客运站每天 10:20 和 12:30 有到汉源的大巴（票价 65 元 / 人）
美食：葱烧火腿饼、榨榨面、干煸牛肉丝、开水白菜
住宿：汉源县城住宿较方便，有酒店、宾馆、客栈等不同价位的住宿设施，可自行选择；瀑源湖大酒店，地址：雅安市汉源县，电话：(0835) 8392099
特产：花椒、樱桃干、金花梨、樱桃酒

泸沽湖

仙女居住的人间仙境

泸沽湖位于川滇交界外的四川省盐源县泸沽湖镇，距西昌市 258 公里，素有“高原明珠”之称。湖中各岛亭亭玉立，形态各异，林木葱郁，翠绿如画；湖面水天一色，清澈如镜，藻花点缀其间。缓缓滑行于碧波之上的猪槽船和徐徐飘浮于水天之间的摩梭民歌，使其更增添几分古朴、宁静，成为一个远离嚣市，未被污染的处女湖。

泸沽湖畔居住的纳西族摩梭人有独特的婚姻、风俗，家家之主皆为女性，其家庭成员血缘均为母系血统，如家庭成员中，祖辈只有外祖母及其兄弟姐妹，母辈只有母亲、舅舅和姨母。阿夏婚的子女则称走婚父亲为“阿波”或“阿达”。

在这里，一切都是那么神奇，那么古朴，无论成丁礼、阿夏婚、母系家庭，还是丧葬，都是绝无仅有的，每种礼仪、每种风俗，都是一个个优美动人的故事、一支支悠扬动听的牧歌，无不带有几分神秘、几分浪漫、几分诗情、几分画意，从而给人以无限遐想。

交通：成都石羊客运站每天有到西昌的大巴；西昌到泸沽湖每天有一班大巴（票价约 75 元 / 人）
美食：松茸炖鸡、松茸炖鱼、咥当酒、猪膘肉、烤鱼干、泡梨
住宿：泸沽湖镇上有许多客栈可住宿，选择很多，价格也合理，景区内有泸沽湖酒店等多家宾馆可住宿

孟获城

阳光旅游门户

孟获城所在地石棉县是攀西阳光旅游的门户，位于青藏高原横断山脉东部、四川盆地边缘贡嘎山东南面大渡河中游，为“藏彝走廊”，是汉族聚居区向中国最大彝族聚居区和藏族聚居区过渡地带。

孟获城景区属于以大熊猫等珍稀野生动物为主要保护对象的野生动物类型省级自然保护区“栗子坪自然保护区”，景区拥有丰富多样的自然资源，资源间组合利用程度和完整度高、开发空间大。景区内山高林密、峡谷幽深、古木参天、温泉瀑布、云海奇景、珍禽异兽、珍稀植物，美不胜收。这里有中国西部海拔最适中、规模最大、最易到达的万亩高山生态草甸（孟获草甸），以及红石滩、原始森林、高山飞瀑等，有大熊猫、白唇鹿、红豆杉、珙桐等动植物 1500 余种，森林覆盖率达 90% 以上，为全球首例野生大熊猫异地放归地。由于阳光充足，孟获城生态系统良好，动植物种类丰富，是游人冬季旅游的绝好去处。

交通：成都石羊客运站每天有到石棉的大巴（票价约 75 元 / 人）
美食：酥油茶、糌粑、坨坨肉
住宿：荣兴宾馆，地址：雅安市石棉县，电话：（0835）8860960

大佛湖

冬季观鸟胜地

大佛湖旅游度假区位于乐山井研县西北面的大佛乡，距乐山大佛 35 公里、眉山三苏祠 50 公里、成都市区 120 公里。湖面集中而开阔，共 8000 余亩，水量 5500 万立方米，在乐山市境内居首位。

湖内有 14 个孤岛约 300 余亩、24 个半岛约 4500 多亩，湖周绿树成荫，植被覆盖率高，已建成数万亩优质果园，环境十分优美。湖区内有野生水鸟 10 余种，其中有国家二级保护鸟类灰鹤、黄鸭等，水鸟达 2 万只，每年的春、秋、冬季，这里栖居着上万只野生水鸟如鸬鹚、灰鹤、白鹤、鸳鸯、鹭鸶、黄鸭、野鸭。游客荡舟湖上，欣赏“群鹜与落霞齐飞，秋水共长天一色”的独特美景，还可与野生水鸟近距离接触，进入天人合一、物我两忘的佳境。水鸟在空中自由飞翔，时起时落，给湖区增加了一道亮丽的风景线。

交通：成都新南门汽车站有直达井研县的大巴（票价 32 元 / 人）；到达井研后转乘至周坡的车，在大佛湖下车（票价 5 元 / 人）
美食：大佛湖畔的乡情农家乐的菜极为可口，特别推荐苦瓜烧鸡、一鱼两吃，还可以品尝全鱼宴
住宿：井研宾馆，地址：井研县胜利街 66 号附 7 号，电话：（0833）3718288
特产：山中珍宝斗鸡菇、“哈哥”兔肉干、“何郎”挂面、梅湾柚

邛海——泸山

攀西阳光的地标

邛海位于凉山彝族自治州西昌市，古称“邛池”，以恬静著称。冬季的邛海天净水明，红枫翠柏，倒映湖面；午后起风，海浪奔涌，似白鹅嬉戏于波涛之上。邛海不仅景色秀美，还有众多美妙的民间传说，更烘托出它的神秘和美丽，李膺《盖州记》和《太平御览》等著述中均有不少记载。邛海湖内有40多种鱼类，其中有特有的白鱼、鲤鱼、大虾、螃蟹等，秋末冬初有19种候鸟携家眷来此过冬。湖畔现有邛海公园、观鸟岛湿地公园、邛海宾馆、新沙滩渔村、莲池、月亮湾、阳光度假村、萝莎玫瑰园、天下第一缸、青龙寺、老海亭遗址、核桃村观赏园和省体委水上运动学校等景点。泸山又名“蛙山”，位于西昌城南5公里外，濒临邛海拔地而起的泸山，以“半壁撑霄汉，宁城列画屏”的气势与邛海构成川西南知名景区之一，被誉为“川南胜境”。泸山海拔2317米，东临碧波如镜的邛海，西濒蜿蜒秀丽的安宁河，北有历史古城西昌，南依巍巍耸立的螺髻山。山上古树参天，松树尤其茂盛，古人曾用“松风水月”来描绘泸山邛海的风光，指的就是泸山的松、安宁河的风、邛海的水、西昌的月。登上望海楼，邛海景观尽收眼底，明代诗人杨升庵登泸山留下“老夫今夜宿泸山，惊破天门夜未关。谁把太空敲粉碎，满天星头落人间”的著名诗篇，给游人以丰富的遐想。全国独一无二且具民族特色的凉山彝族奴隶社会博物馆坐落于小寺坪前，它那别具一格的建筑群，给泸山增了色彩，给游人添了游览的内容。

交通：成都石羊客运站每天有成都到西昌的大巴；雅西高速通车后，成都至攀枝花自驾车也是不错的选择

美食：坨坨肉、荞麦面、野山菌、建昌板鸭、西昌烧烤

住宿：凉山标准国际酒店，地址：西昌市三岔口东路45号，电话：(0834) 2161999

藏經閣

民俗活动

PART 1 蜀中的民俗活动

蜀中有着极具特色的民俗文化景观。无论在春节期间还是在其他时候，喜爱闲适的四川人变着花样地进行着各种“狂欢”，但如果以此认为川人贪玩便是大错特错了，川人将传统风俗良好地保存传承至今，并在传统的基础上为古老的民俗注入了新的活力。走进四川，参与这些极富盆地气息的民俗活动，感受蜀中的热闹与欢腾吧！

绵竹年画

中国绵竹年画村是国家 4A 级旅游景区，位于成都一小时经济圈中的绵竹市孝德镇，距成都 73 公里，离绵竹市区 5 公里，成绵高速复线、德阿公路、成青公路等紧邻景区，交通便利。

景区总占地面积 8.5 平方公里，园区核心面积 4.5 平方公里，是一处以年画商品生产、加工基地建设为主，辅以乡村旅游功能，结合新农村建设的精品型乡村民间工艺文化旅游景区。“5·12 汶川大地震”后，在江苏省苏州市的对口援建下，绵竹按照“中国西部小苏州”的发展定位，以及“继承和发扬绵竹年画文化、传承忠孝文化、打造旅游文化”的工作思路，围绕“年画涅槃、弘扬忠孝、生态绿色”的形象主题，将四川民居风格与江南水乡风格相结合，采取年画上墙的方式，将三国故事、二十四孝等六大主题画在农户的院墙上，将绵竹年画村的年画艺术文化、乡村民俗文化浓缩于自然环境空间，物化于人们的生活空间之中，营造一种惬意祥和的生活环境；同时，也维护了乡村生态的自然环境，保留了传统的田园风光，营造了与城市截然不同的悠闲、自在的生活方式和宁静祥和的生活氛围。

主要景点有年画西湖、年画广场、年画街坊、乡村年画馆、年画东湖、荷塘月色、年画村、现代农业观光园等。

交通：成都城北客运中心、昭觉寺汽车站都有直达绵竹的大巴（票价 25 元／人）

美食：葱油酥、凉糍粑、米粉、松花皮蛋、板鸭、山腊肉等，半边街的“张扯面”的小吃店味道不错，规模大，价格也便宜

住宿：绵竹剑南春大酒店，地址：绵竹剑南春中路 18 号，电话：（0838）6201688；万兴大酒店，地址：绵竹市回澜大道东段 356 号，电话：（0838）6903366

特产：剑南春酒、绵竹年画

达州元九登高

正月初九是达州传统的登高节，这天清晨数十万人倾城出动，从四面八方涌向凤凰山。在起伏的山道上，人群绵延数里，欢声笑语从未停歇，远远看去如同一条斑斓欢腾的长龙，颇有龙凤呈祥的意味。看似漫长艰辛的山路在此时走起来也变得容易许多，步伐也变得异常轻松。

在凤凰山山顶极目远眺，远处的农田炊烟袅袅，伴着近处的香火，看起来有些梦幻迷离的味道。凤凰山山腰处有元稹塑像，诗人凝神远眺，衣袂飘飘。塑像周围是上千株腊梅树，红的白的梅花竞相绽放，灿若云霞，与周围苍松翠柏相映成趣。读元稹诗歌、赏满目梅花、听鸟鸣啁啾，春天的味道便在这样的书声琅琅与鸟鸣欢歌中越来越浓。

关于达州人正月初九登高习俗的由来有两种说法：一种是为纪念元稹，另一种是为纪念玉皇大帝。元九登高的习俗千年流传下来，已成为达州人的一个印记，就像姓氏之于家族，此生都无法磨灭。

交通：从成都有直达达州的火车（票价 58~138 元／人）；在成都五块石汽车站也有大巴到达州（票价 88 元／人）
美食："七星椒"卤菜，一个小小的门面，菜品很多，油汪汪的酱红色，看上去就令人很有食欲，最特别的卤菜是蛇（80 元／斤），值得一尝
住宿：莲花湖宾馆，地址：达州市通川区莲花湖，电话：（0818）2630398；达州宾馆，地址：四川省达州市通川区荷叶街 318 号，电话：（0818）2122347；华夏大酒店，地址：四川省达州市通川区大北街 172 号，电话：（0818）2128888
特产：渠县黄花、灯影牛肉、藤器、高台蜜柚、三汇特醋

什邡马井元宵会

每年的正月十五这一天，什邡市的马井元宵会都会吸引来自四面八方的人们，元宵会比过年还热闹，当地人是用这种方式来迎接春天的到来的。元宵会的会场是一处于枯水期的河坝，欢悦的人们脱下鞋子，人背人踩河踏春，歌声、笑声在河滩上空久久回荡，还有人放起了风筝。

白天的热闹场景不必赘述，即使到了黄昏，元宵会依然人流涌动。不少附近的群众还在往河坝里赶，也有很多人背着背篓、挑着箩兜、荷上锄头、扛着梯子、顶着花盆向岸上走去。走上河岸，身后的喧闹声逐渐飘向天空，回望宽阔的河坝，上面亮起点点红灯，一盏、两盏、三盏……热闹的元宵灯会和夜晚一起到来，把马井元宵会带进希望的春天。

交通：成都城北客运站有直达什邡的大巴（票价 25 元／人）
美食：肉串、豆花、酸辣粉
住宿：宏达金桥大酒店，地址：什邡亭江东路，电话：（0838）8200888
特产：什邡板鸭、什邡晒烟

云峰寺庙会

“西蜀名刹”云峰寺位于雅安市荥经县，始建于唐，为九重十八殿的规模，有完善的佛教禅宗丛林。每年的正月初九和六月十九是云峰寺的庙会，而尤以正月初九的规模最为壮大。此时正是春节期间，在外工作、生活和学习的人们都会回到家乡和亲人团聚，正月初九这天，人们都会放下手中的事到距县城 3 公里的云峰寺上香，祈求平安，逛云峰寺庙会也成为荥经乃至周边地区的人们的一种习惯。

在初八晚上，就开始有人提着纸钱、元宝，扛着巨大的香蜡去上香，寺里到处都是烧香的香客，火光不仅照亮了他们的脸，照亮了云峰寺，也映红了整片天空。当然，最为热闹的时候还是在初九早上，一大早通往云峰寺的山路便被前来上香的游客挤满了，好不容易到了寺中，发现这里更是人山人海，藏经阁前香火最为旺盛。由于人实在太多，有很多人干脆随便找一个角落，就把香蜡插在土里，把纸钱给烧了，就当是拜过佛祖了。

上过香之后与家人一起在周围的农家乐喝上一杯本地产的绿茶，打上几圈友谊麻将，幸福在上香拜佛后就悠悠降临了。

交通：成都石羊客运站有直达荥经的大巴（票价 55 元／人）
美食：荥经县齐哥枇杷园提供美食，电话：13086319777
住宿：荥经饭店，地址：雅安市荥经县繁荣下街 45 号，电话：（0835）7629888
特产：荥经黑砂

三台邻居节

邻里关系一直是中国传统文化中的重要部分，然而随着城市中一幢幢高楼、一道道防盗铁门的围建，邻里关系在这样隔阂的环境中渐渐地淡化，而在绵阳三台名叫潼川的小镇上，人们用自己的方式实践着“远亲不如近邻”这句老话。

正月里邻居节这天，近 600 米长的古街道摆满各家的特色佳肴，炊烟四起的古街上顿时热闹非凡，曲江社区的居民们欢天喜地地迎来他们的欢喜邻居节。100 多张大桌次第摆开，桌面上倒映着人们欢乐的笑脸。曲江的老街上洋溢着节日的气息，古巷两旁挂满了红色灯笼，映衬着墨色的瓦屋，像是有画龙点睛之笔的中国画。

参加邻居节让人怀念小时候住平房的岁月，那时街坊邻居都认识，站在古巷中，聆听着曲江居民的欢声笑语，看着那一张张笑脸，阖家欢乐的景象热闹非凡，那时会觉得人与人之间的真情尚在，而且如此浓烈。立春的时候，草木复苏，人与人的关系也在一杯杯的觥筹交错中化开冰冻，开成一朵朵灿烂的花儿。

交通：成都五块石车站有大巴前往三台（票价 40 元／人）
美食：四川民间私房菜
住宿：梓州国际公寓，地址：三台县潼川镇解放上街 49 号，电话：（0816）5899983
特产：潼川豆豉、三台丰水梨

安县睢水踩桥会

每年 3 月春社日，众多村民从四面八方赶过来踩桥，场面热闹壮观。桥是太平桥，建于 1799 年，在“5·12”大地震中受损严重，经修缮加固，恢复了古朴风貌。

“踩桥过三趟，平安伴吉祥；夫妻双双行，地老到天荒；桥头拜干爹，小儿免病殃；凭栏丢药钱，身健家宅昌；向河抛衣物，灾去洪福降”，当地百姓认为，在春社日这天到这里来踩桥，在桥上踩上 3 个来回，可以消灾免难、祈求平安，于是这天成了当地最隆重的踏青祈福活动。

交通：成都城北客运站有直达安县的大巴（票价 40 元／人）
美食：踩桥会上有许多小吃的摊点，有凉面、豆花、凉粉
住宿：仁和春天酒店，地址：安县大南街，电话：（0816）4222666
特产：枣皮、棕片（棕榈树的纤维制品）

都江堰放水节

都江堰是当今世界现存年代最久、唯一以无坝引水为特征的古代水利系统工程，都江堰造就了“水旱从人、不知饥馑”的天府之国。清明放水节是世界文化遗产都江堰的民间习俗，每年清明这一天，为庆祝都江堰水利工程岁修竣工和进入春耕生产大忙季节，同时也为了纪念李冰，民间都要举行盛大的庆典活动“放水节”，包括官方祭祀和群众祭祀等活动。放水节是川西最隆重的节日，一年一度，世代相传，其盛况尤胜春节。北宋太平兴国三年（978 年）正式由官方将清明节这一天定为“放水节”。每逢放水仪式时，莽号手吹响雄壮的莽号，蓑衣汉子在号声中跳起杩槎舞，戴着傩面具的壮汉摇着风铃跳起祭祀的傩面舞蹈，展现了古蜀文明的浓郁、神秘、古朴。

交通：成都火车北站有高铁直达都江堰（票价 15 元／人）
美食：白果炖鸡、道家泡菜就餐“罗鸡肉”，地址：都江堰大三路 391 号，电话：13688106036
住宿：都江堰宾馆，地址：四川省成都市都江堰市建设路，电话：（028）87136635
特产：青城山乳酒、青城山雪芽

郫县望丛赛歌会

一年一度在望丛祠内举行的“望丛赛歌会”，是郫县人民纪念开发古蜀国功绩卓著的望帝杜宇和丛帝鳖灵的传统民俗活动。每年，农民们在薅完稻秧后端午节（农历五月初五）这一天，习惯去望丛祠“朝会”上香，以表达对二帝的感激和崇敬。膜拜之余，一些喜唱山歌的农民常自发聚于祠内竞唱山歌，久而久之，自然形成一年一度的望丛赛歌盛会。

郫县流行的山歌多属高腔山歌（因多在薅秧时歌唱，故又叫“薅秧山歌”），其声高昂响亮，声闻数里，因此群众多称“吼山歌”。在森森古柏下，丛丛翠竹旁，歌手们借赛歌来解除劳动的疲乏和抒发心中的情感，男女青年们即兴对歌，有时一边唱，一边向意中人抛甩李子以示定情。

望丛赛歌会是中国汉族地区十分少见的大型赛歌活动，望丛赛歌之风隆盛于清代，流行于民国，至抗日战争初期中断，歇响 40 多年后，于 1983 年端午节在望丛祠内重搭歌台，全县 150 多名歌手再度热烈竞歌于古老的祀祠，是日盛况空前，观赏者达 5 万多人。参赛者有年近古稀的老山歌歌手，有初次登台的小姑娘，有独唱的、对唱的、载歌载舞的……特别是传统山歌，使后生晚辈大开眼界，大饱耳福。自此以后，望丛赛歌连年不辍，歌会举办的时间一般为 1~3 天，多则 10 天。

交通：金沙车站 305、320 公交车开往郫县（票价 5 元／人）
美食：砂锅牛筋，地址：郫县红瓦街 119 号，电话：（028）86557975；郫县顺蓉蒋排骨，地址：郫县郫筒镇望丛中路 232 号，电话：（028）87928423
住宿：镜湖园宾馆，地址：郫县郫筒镇望丛中路 63 号，电话：（028）87929888
特产：郫县豆瓣

广元女儿节

相传，唐朝女皇武则天于正月二十三生于广元，民间便以此日为纪念武则天的节日。这天，广元的妇女们会打扮起来，到江边游河湾，展示自己的美丽，热闹异常，故称“女儿节”。1988 年，广元市将女儿节定在洋历 9 月 1 日，在此期间，会举办大型文艺演出活动，庆祝其特有的节日。

交通：成都昭觉寺车站有汽车直达广元（票价 100 元／人）
美食：广元凉面、米凉粉、则天小吃、酸菜豆花等都是广元有代表性的小吃，楷林酒楼，地址：广元市利州区则天路，电话：（0839）3601527
住宿：凤台宾馆，地址：广元市利州开发区滨河路上段，电话：（0839）3503218；利州宾馆，地址：广元市政府街 109 号，电话：（0839）3221985
特产：麻柳刺绣、狮子根雕、香菇、黑木耳、蕨粉、竹荪、苍溪雪梨、核桃、猕猴桃、广元杜仲、剑阁手杖、四川藤器、花椒、广元黑瓷茶具

PART 2 多元的民族风情

四川的凉山、甘孜、阿坝生活着众多的少数民族，其中以藏族、羌族、彝族最具代表性，在川西高原、横断山区里，我们能够轻易地感受到这些民族的淳朴和热情。赛马会上飞驰的骏马和强健有力的康巴汉子、火把节上盛装打扮的彝族美女，都是一道道亮丽的风景线，那些节日里的节目和飞溅的酒花都时时刻刻牵动着我们的心，让心灵走出城市的囚笼，走进这最原始的欢乐中。

康巴藏族

康巴藏区是歌舞的海洋，其歌舞、服装及饰品都极有特色。他们信仰藏传佛教，喜欢吃面食和糌粑，肉类以牛、羊肉为主。夏天远牧前有盛大的集会“耍坝子”，在拉萨一般叫作“过林卡”，这时的草原上是欢腾的海洋，来自各地的人们聚在一起，亲戚朋友叙叙旧，对于年轻的男女则是相识相爱的时节。冬季最为热闹的便是藏历新年，有许多富有民族特色的活动，大多与藏传佛教有关，如展佛、跳金刚神舞（俗称跳神）等。

藏族礼仪

藏族的礼仪繁多，最为普遍是“献哈达”，“哈达”是生丝织成的长条状织品，1~2 米至 6~7 米不等，多为白色。迎来送往、拜会尊长、婚嫁节庆、觐见佛像等都要献哈达，哈达表示纯洁、忠诚、尊敬、祝福、吉祥。给长者或活佛敬献哈达时不能高于他们的头顶，而是放在胸前，长者或活佛接过哈达后通常会回给敬献者，这代表他们的祝福。一般敬献哈达是双手捧过对方头顶，放在对方脖子上面，对方会双手合十表示还礼。最好的是蓝、黄、白、绿、红五彩哈达，五彩哈达只用于最高最隆重的仪式，如佛事活动或特别尊贵的客人到来时敬献。

到藏族朋友家做客，主人会先给客人敬青稞酒，客人接过后先用右手中指蘸酒或茶向空中弹 3 次，再满饮杯中酒。客人坐定之后，主人再为客人献上酥油茶，如果客人喝不下了，当主人来添茶时用手盖住碗口即可，千万不要有酥油茶剩在碗里，那样主人会认为你不尊敬他。在主人家里要端正坐姿，一般席地盘腿而坐，不能东倒西歪，也不要随便伸脚，那样会被视为不礼貌。

甘孜迎秋节

藏历8月，康北高原天高云淡，风和日丽，甘孜县城南雅砻江畔的旭日林草滩上缀有各种吉祥图案的白色帐篷一簇簇、一堆堆，俨然是一座帐篷城，甘孜人民正在这里举行一年一度的迎秋节。

甘孜人民在开镰收割前的7月（藏历）就纷纷阖家而出，扶老携幼来到雅砻江畔，或在温泉中沐浴，或在溪水里嬉戏、游泳，或坐在岸边石级上，洗刷一大堆衣物被褥，涤除一年的风尘劳累，有人称这为传统的沐浴节。藏族天文历书记载，初秋之水有8大优点：一甘、二凉、三软、四清、五轻、六不臭、七饮不损喉、八喝不伤腹。总之，藏历7月底8月初"奔山星"出现，经此星光照射之水均成药水、圣水，这时节是藏区最好的沐浴季节，它象征洗去污秽，获得吉祥。

甘孜寺在此时要组织僧侣举行法会，向神灵祈祷，保佑一方众生吉祥如意，同时由寺庙藏戏团演出传统八大藏戏弘扬佛法，教诲人民弃恶从善。百姓乐于在紧张收割前的闲暇好好放松，安灶搭帐，顶礼膜拜，按受加持。在温泉沐浴之际，观赏藏戏歌舞，借以放松一下自己的身心，以便投入繁忙的劳作，有人称这为丰收节。也不知从哪辈人开始，"沐浴节"和"丰收节"合二为一，变为一个节日。当地百姓把这种传统民俗节日称为"西西冬"（意即"耍坝子"），中共十一届三中全会后，甘孜县正式将这一节日定为"迎秋节"，作为全县人民的民族传统节日，定于每年8月10日前后择期举行，节期7天左右。届时会开展丰富多彩的群众文化活动，演出藏戏、民族歌舞，文贸结合，以文促经，既丰富了节日活动，满足了群众的文化生活需求，又促进了经济发展。

地点：甘孜县旭日岭公园　**交通**：成都新南门车站有发往康定的大巴（票价120元／人），康定到甘孜有大巴（票价110元／人）
美食：糌粑、酥油茶　**住宿**：康巴宾馆，地址：甘孜藏族自治州甘孜县东大街71号，电话：（0836）7523366　**特产**：青稞酒、牦牛肉

康定跑马山转山会

一首《康定情歌》传唱在世界人们的心中，而情歌故乡的故事更是耐人寻味，听情歌、唱情歌就到跑马山。四月初八康定跑马山上会举行盛大的沐佛节，此时前往跑马山“唱情歌”无疑是最好的时候。

“跑马溜溜的山上，一朵溜溜的云哟”，康定跑马山因一首《康定情歌》而蜚声中外。跑马山举办一年一度的转山会，藏族同胞欢聚在洁白的喇嘛塔下，跳锅庄、演藏戏、赛马、比武，表达对生活的热爱。人们从四面八方云集康定，山顶草坪上，帐篷绵延、人山人海；白天举行赛马、摔跤等民族体育活动，入夜燃起篝火，席地饮酒，载歌载舞，通宵达旦。

农历四月的康定，正当春意最浓的时节，跑马山遍山茸绿，像绿松石嵌就，杜鹃花也乘兴绽放出红色的灿烂，那红的、白的刺玫和大红的龙状也勃勃地参加闹春，周围山上绿翠欲滴，山花争妍。旧时的康定人从四月初一开始转山，至四月十五日，这期间是转山高潮，由佛教信众带头邀约邻居亲朋，携嘛呢旗布、经幡，手拿佛珠口念佛经“转山”，其意源于藏传佛教的“转八角”，目的在于祈福免灾，转的形式是多样的，小转即在“洞料”内转、绕寺庙转等，大转即转一座山、一座城。

转山也有相应路线，从东面观音阁上跑马山，再由跑马山南路下山，经公主桥到金刚寺、南无寺朝拜，然后顺山路向北转往子儿坡下山，再回到起点观音阁，人们将此称为“转大经”，转山时人们口念嘛呢，手拿佛珠、并边走边念转动经筒，祈祷家人一生平安。

交通：成都新南门车站有发往康定的大巴（票价 120 元／人）
美食：康巴餐馆，地址：康定县东大街 87 号，电话：（0836）2834153
住宿：格萨尔酒店，地址：康定西大街 60 号，电话：（0836）2825777
特产：青稞酒、虫草等

凉山彝族

彝族是我国古老的少数民族之一，凉山彝族作为中国最大的彝族聚居区，拥有着古老神秘、丰富多彩的彝族文化。彝族的民俗活动向来让人为之疯狂，很多人都为彝族的传统节日和彝族特有的毕摩文化而深入凉山，同时彝族是一个文武并重，讲究文明礼貌的民族。

彝族礼仪

长幼之间，谁长谁幼、谁大谁小，不仅论年龄，而依据父家谱牒或母系谱牒的长晚来定，不许喊错。在特殊的公共场合，就座排位要以辈分大小排列，长辈在场时发言不抢先。彝族有“客人长主三百岁”之俗话，凡有客人来，必须让位于最上方，至少也要烟茶相待。酒是敬客的见面礼，在凉山只要客人进屋，主人必先以酒敬客，然后再制作各种菜肴。

彝族禁忌

行为禁忌：忌骑马遇人不下马，忌孕妇来往于他人婚礼，不准用脚蹬锅庄石，更忌从火塘上方跨过。忌用粮食在手中抛玩，忌打布谷鸟。灵牌是祖灵的化身，忌外人接近或不洁之物摆放周围。忌在屋内弹口弦、吹口哨，忌锄、斧一起扛或搁放在一起，不能随意抓摸男子的“天菩萨”，不许妇女抚摸男人的头，更不准从男人帽子上跨过。到彝家做客，不能坐在堆放东西和睡铺的下方和左方，主人酒肉款待，客人要品尝，以示谢意。忌火把节时，在田地中间随意走动，如此会招来虫灾。忌白天点着火把到处走动，忌从屋里相继点着两把火把走出。

语言禁忌：忌对婴儿用“胖”、“重”、“漂亮”之类赞词，忌在众人面前直言小便、生育之类的话，更忌口头禅中带有类似两性生殖器内容的语言。忌随便与毕摩、苏尼嬉笑打闹，忌在人有病时说死伤之类的话，忌无故恶语咒骂他人和禽畜树木。

饮食禁忌：禁食马、骡、狗、猫、猴、蛇、蛙等肉，忌食搅拌时折断筷子的食物，忌用镰刀割肉而食。

火把节

彝族的情人节

“火”是彝族追求光明的象征，在彝族地区，最隆重的节日是火把节，火把节多在农历六月二十四至二十六日举行，金沙江边的布拖县、普格县和美姑县等地是彝族文化的核心区，每年都要举办盛大的火把节。

火把节是彝、白、纳西、哈尼、拉祜、普米等彝语支的民族共同的传统节日，火把节又叫星回节，俗有“星回于天而除夕”之说，相当于彝历的新年。火把节节期为农历六月二十四日至二十六日间，北斗星斗柄上指，节日活动内容因民族而不尽相同，但点火把则无一例外。火把节的主要活动在夜晚，人们或点燃火把照天祈年，除秽求吉，或烧起篝火举行盛大的歌舞娱乐活动，火把节期间还要进行传统的摔跤、斗牛、赛马等活动。

布拖县每年都要举行原汁原味的民间火把节，俗称“都此”，是目前凉山彝族地区火把节保存最传统的地区之一。节前数月，彝族群众便开始进行精心准备，从野外折来干蒿枝，用细绳索扎成火把，并将扎好的火把放于人畜不经过的“干净”地方以图吉利，争强好胜的人家选好膘肥体壮、具有参赛实力的马、牛、羊、鸡，并精心驯养，妇女们忙着准备漂亮的衣物和银饰，姑娘们每晚入夜时分排练火把节的“朵洛荷”，小伙子们为了赢得家族荣誉和姑娘的喜欢，常聚在草坝上练习摔跤。每家每户都准备好一只祭祀祖先的鸡，然后根据其经济状况或独自或合伙准备牛、羊、猪、荞麦粉、烟酒及零花钱。

美食：邛海边的烧烤极具代表性，不容错过；沿邛海有众多烧烤店铺，可轻松享用美食
住宿：火把节期间西昌住宿爆满，需提前预订房间；西昌凉山宜必思经济连锁酒店，地址：西昌城南大道南二段17号，电话：(0834)3287888；布拖银河宾馆，电话：(0834)8533436　**特产**：苦荞茶、灵芝、木耳、松茸、核桃

羌族

羌族主要聚居在四川西部茂汶，其余散居在汶川、理县、黑水、松潘等地，自称“尔玛”，意为“本地人”。今天的羌族是古代羌族人中保留下来的一支，悠久的历史与长期闭塞的生活环境使羌族的精神文化中保留了不少淳朴厚重的古代遗风。中国古代最早产生的两种文学形式是古代诗歌与古代神话，这两种文学形式至今在羌族民间仍有巨大影响，而且传承了不少优秀作品。羌族的男女老幼大都会唱民歌，歌词多为四或七个音节一句，类似于汉文中的四言诗与七言诗，从内容来说，有苦歌、山歌、情歌、酒歌、喜庆歌和丧歌等。羌族神话著名的有《开天辟地》《山沟和平坝的形成》《造人类》《斗安珠和木姐珠》等，其中所说的姐弟成婚、射落八个太阳的故事，曲折地反映了原始社会羌族的生活。

羌族民俗

跳盔甲：“跳盔甲”舞，吼声震天，威武雄壮，把勇武不屈、豪放豁达的民族性格表现得淋漓尽致，使粗犷淳朴的古代民风跃然再现。

喝咂酒：羌族酿酒的历史也非常悠久，羌族男人皆有海量，所以虽喜豪饮，却很少烂醉滋事。独特的饮酒方式是喝咂酒，酒以青稞、大麦、玉米酿成，封于坛中，饮时启封，注入开水，插上竹管，众人轮流吸吮，因而称之为喝咂酒。

羌族禁忌

祭祀禁忌：祭山大典为该族最隆重的祭典，又称“山神会”、“塔子会”、“山王会”。祭祀旨在祈求山神保佑人畜兴旺、五谷丰登、林木繁盛、天下太平。在祭祀期间，严禁入山采樵狩猎。羌地入夏常干旱，故祈雨为该族另一经常性的宗教活动，祈雨前须搜山，即禁止任何人上山砍柴、挖药或狩猎。未婚妇女不许参加搜山祈雨活动，搜山中若发现违者，予以谴责和痛殴，直到流血为止，族人认为非如此不足以取悦天神，否则祈雨无望。

产忌：家中猪产崽时要在门上拴竹篾条，孕妇禁扯之，否则胎儿会死。若遇母猪或大牲畜产崽，三日内有孕妇禁入产棚。忌产妇在堂屋临盆，须到房屋的最低层分娩。产妇未满月不得入灶房，否则会得罪灶神和家神菩萨，亦忌见生人，怕生人将鬼带来。

丧期禁忌：家有死人行葬礼五天内忌与外人来往，丈夫刚死的寡妇，须围青苗菩萨转几圈，以木梳梳头，方可与他人见面。

生活习俗禁忌：忌触动铜镜、海螺壳，因小孩素日多佩戴铜镜，帽上钉海螺壳，用以避邪，若生人触之会冒犯神灵，对小孩不利。忌生人入病人居室，其禁忌标志为门前放一板凳。忌戴草帽进屋，认为草帽招鬼。忌将筷横于碗上，忌倒扣酒盅，因敬鬼仪式上才如此。

日麦节

羌族的新年

羌族新年在每年十月初一举行庆典，一般为 3~5 天，有的村寨要过到十月初十，活动主要分布于阿坝藏族羌族自治州的茂县、松潘、汶川、理县以及北川羌族自治县和其他羌族聚居区地。届时，全寨男女老少都穿上节日盛装，带上祭品、咂酒和食品，聚集在设在野外的庆祝场地。在释比的细心指引下，村民们身着节日盛装，举行庄严的祭山仪式，杀羊祭神。然后，村民们会在释比的带领下，跳皮鼓舞和萨朗舞。活动期间，释比吟唱羌族的传统史诗，人们则唱歌、喝酒，尽情欢乐。新年之夜，每个家庭的一家之主会主持祭拜仪式，献祭品和供品，通过庆祝新年，羌族的传统、历史积淀和文化资讯得以继承和传播，族人的社会习性得以巩固，羌族人民也借以表达了对所有生灵、对祖国和对祖先的尊重与崇拜。

羌族新年是集宗教信仰、历史传说、歌舞、饮食于一体的综合性民间节庆活动，它充分体现了羌族自然崇拜、先祖崇拜的宗教情怀，并把人们的劳动结果自觉地归因于天地的恩赐和先祖的恩德，体现了朴素的唯物主义思想。之所以在农历十月举办，这和羌族所居住的环境息息相关，和他们的生产、生活、文化等有着紧密联系。羌族新年反映了羌族已经由游牧民族步入了农耕社会，“日麦节”活动无论从形式还是内容上看，无疑都是感受羌族历史、文化、艺术和习俗等的最好方式。

交通：成都昭觉寺车站有大巴到绵阳永兴站（票价 45 元 / 人），转车到新北川（票价 10 元 / 人）
美食：日麦节期间无论到哪家，主人都会用猪膘肉、洋芋糍、咂酒等招待客人　**住宿**：北川新城北川大酒店
特产：虫草、贝母、羌活、党参、黄连、天麻

名人故里

思索的头脑和行动的双手

从周代苌弘一直到近代，四川这块神奇美丽的土地上诞生了许多才子，他们或是在文化、艺术，或是在政治军旅中取得了辉煌的成就，如今他们的思想依然在夜空中指引着我们前进的方向，他们的诗歌依旧让我们感受到心灵的震撼，他们的功绩让我们和子孙后代享受恩荫，如今我们有理由带着满满的敬意重回他们生活的土地，感受那份厚重，以及对他们致以我们的敬意。

PART 1 文化名人故里游

资中文庙

由孔子到苌弘

交通：成都五桂桥有大巴直达资中（票价 48 元 / 人）

美食：资中的火爆肥肠、王朝火锅、兔子面、鲢鱼等；兔子面：小东十七、小英面店、手拉手面店（24 小时营业）；黄鲢鱼，地址：成渝高速资中出口，电话：（0832）5604218；王朝火锅，地址：资中县滨江路，电话：（0832）5521388

住宿：顺通大酒店，地址：苌弘路南段 296 号，电话：（0832）5577777

苌弘博学多才，知天文地理，精星象音律，常与周景王交往，孔子在齐国久仰其名其才，于周敬王二年（公元前 518 年）前往周国造访苌弘，求教韶乐与武乐之异同和不解之处。对于苌弘博学施教，孔子称谢不迭，并于次年前往齐国聆听了韶乐的演奏，乐得手舞足蹈，如醉如痴，“三月不知肉味”，孔子与苌弘的会晤史称“访弘问乐”。资中是苌弘的家乡，资中文庙的形制是仿山东曲阜，按“清工部营造法式”建造，坐北朝南，占地面积 7034 平方米，建筑面积 3446 平方米，气势恢宏，古意盎然。主要建筑如正殿、大成殿等的正脊上饰有宝鼎、蟠龙，翼角飞翘，带有南方建筑特有的轻灵飘逸和精巧俏丽的建筑风格。

在大成殿中，可以见到一尊彬彬有礼的孔子站像，自汉确立以儒家学说为汉民族的中心学说以来，孔子便有了“大成至圣先师”、“文宣王”等历代皇帝的封号，享受万民香烟，接受顶礼膜拜。为什么资中文庙的孔子塑像不像全国其他文庙的塑像是冠冕而坐呢？兴建资中文庙的宋代，对于孔子塑像没有统一规定，由于资中是苌弘故里，苌弘是教授孔子音律的老师，那么在老师的故里，孔子应站立而表礼仪，这也是孔子提倡尊师重教的学说体现，统一这种思想后，决定修建立站像。

张大千纪念馆

交通：成都五桂桥车站有大巴发往内江（票价 60 元 / 人）

美食：内江牛肉面、沱江河鲜

住宿：海川宾馆，地址：内江市中区双苏路 66 号，电话：（0832）2205500、内江旅馆，地址：内江市旱桥街 100 号，电话：（0832）2103550

特产：甜城蜜饯

张大千纪念馆坐落于内江城北沱江东岩园顶山上，为纪念一代国画大师张大千而建。纪念馆占地 31.46 亩，建筑面积 1060 平方米，立体建筑有大风堂、画苑，还有廊、亭、榭、水池、假山等附属设施，采用三合院、四合院、几重几进院落式布局，独具民族民居风格，中厅塑有大千先生铜像，左右两侧画苑分别陈列张大千、张善子的书画等，正门匾额“内江张大千纪念馆”为张学良将军亲笔题写。

陈子昂故里

位于涪江中西岸的金华镇是陈子昂的家乡，金华山古建筑群散布山间，层次分明，错落有致。陈子昂读书台位于射洪县城北23公里处的金华山上，原名读书堂，或称陈公学堂，其旧址在金华山古观之后，今祖师殿一带；唐大历年间，东川节度使鲜于叔明曾为陈子昂立旌德碑于读书堂前。现在读书台是光绪六年（1880年），知县文芳等捐资劝募，拆去原有短垣，于亭前新建厅三间，翼以回廊曲槛，外置甬道门阁；亭右立精舍三间，亭后增建大厅三间，匾额题“留云山馆”；游廊环绕，外蔽缭垣，最后砌台竖荷叶亭一大间，匾额题“涵波临江”；建船房三间，小榭一间，已初具规模，此后基本保持原状，略有增修。古读书台内匾对甚多，多数为古今名家手迹，其木刻《感遇三十首》及《陈伯玉先生别传》等为重要文物，留云仙馆内陈列的陈氏有关文献资料亦不可多得。

交通：成都昭觉寺车站有大巴直达射洪（票价50元／人），射洪到金华有大巴前往（票价5元／人）
美食：金华黄辣丁，顶老大野鱼庄，地址：金华镇
住宿：沱牌大酒店，地址：射洪县太和大道252号，电话：（0825）6638888
特产：沱牌曲酒

三苏祠

三苏祠位于四川省眉山市城西，是中国著名文学家苏洵、苏轼、苏辙的故居，原为约5亩的庭院，元代改宅为祠，明末毁于兵燹，清康熙四年（1665年）在原址模拟重建。现成为占地104亩的古典园林，庭院红墙环抱，绿水萦绕，古木扶疏，翠竹掩映，形成三分水二分竹的岛居特色。楼台亭榭，古朴典雅，匾额对联，诗意隽永。

祠内有苏洵、苏轼、苏辙和程夫人、任采莲、苏八娘（苏小妹）、王弗、王闰之、王朝云、史夫人及苏家六公子等十多人的塑像，有木假山堂、古井、洗砚池等苏家遗迹，珍藏和陈列着5000余件有关三苏的文献和文物，是蜀中最负盛名的人文景观。

三苏祠的三苏纪念馆，是国内展示三苏文化最丰富、展陈面积最大、展陈方式最多、展出水准最高的场所。

交通：成都新南门车站有大巴直达眉山（票价30元／人）
美食：鲜椒肥肠鱼、东坡肘子；眉州东坡酒楼三苏祠店，地址：三苏祠公园西门
住宿：眉山苏坡酒店，地址：眉山东坡区东坡湖广场北段1号楼5层，电话：（0833）8250999
特产：眉山脐橙、干巴牛肉

江油李白故里

李白4岁随父亲迁居到今江油青莲镇，25岁出川。李白在江油学到了他日后扬名天下的文化基础，并形成了其飘逸的性格。今天在江油可以看到青莲镇李白故里、市区李白纪念馆、太白公园、海灯武馆及太白洞等景点。李白故居位于江油市北郊昌明河畔，为纪念唐代大诗人李白而修建，主要有陇西院、太白祠、磨针溪等景点。

交通：成都昭觉寺车站有大巴直达江油（票价50元／人）
美食：开元米粉、城边肥肠、蛋烘糕；江东酒楼，电话：（0816）8207088
住宿：诗城大酒店，地址：江油市新华窗路279号，电话：（0816）8181818
特产：中坝酱油、太白茉莉花茶

PART 2 军旅名人故里游

朱德故里

朱德故里琳琅山景区，位于仪陇县马鞍镇，是国家AAAA级旅游景区，中国100个红色经典旅游景区和中国30条红色精品旅游线路之一。作为中华人民共和国的开国元勋，朱德元帅一生征战沙场，戎马倥偬，为共和国的建立立下了不朽的功勋，所缔造的“朱毛红军”更是奠定了革命军队的基础。景区内还保存着红九军政治部驻地、马鞍镇红军街等遗址、遗迹以及大量的红军遗物、红军石刻标语。

仪陇不仅有名人故居，也是中国西部仅次于成都东山洛带的最大客家聚居区，客家人的语言、风俗习惯、生活方式等保存较完整。朱德故里景区有近5000名客属后裔，朱德就是全球客家人的杰出代表。景区内具有典型客家风格的省级文物保护单位“丁氏庄园”，堪称“川北客家第一庄”，还有建于清康熙至道光年间的长约1200米、占地7万平方米的马鞍镇老街，其建筑全是客家风格，且至今保存完好，因此仪陇被客学专家称为川北“客家胜地”。

交通：南充汽车站有直达仪陇县的大巴（票价30元／人） **费用**：朱德故里普通票10元／人，加有钱币的收藏门票15元／人
美食：清河大酒楼，地址：马鞍镇，电话：（0817）7555101；帝都酒家，地址：马鞍镇，电话：（0817）7555717
住宿：花园酒店，地址：南充市仪陇县琳琅大道，电话：（0817）7217777

罗瑞卿故里

罗瑞卿故居位于南充顺庆区舞凤镇清泉坝村，距市中心5公里，故居为清光绪年间修建的一座三合院式穿斗结构青瓦房，面积约300平方米，罗瑞卿将军半身铜像屹立在故居前的院坝正中。故居正中是堂屋，高大宽敞，堂屋中的正上方是神龛，两边的靠椅，以及中间大方桌和长板凳，朴素而又肃穆。两侧是正房和厢房，西侧为将军及其父母的卧室、厨房及杂物间，西侧正房陈列着将军及其父母当年使用过的大架子床、衣柜、踏凳等老式家具，厨房陈列着锅灶、案板，加上屋檐下的磨刀石、石碓窝等物，再现了当年将军生活的环境。

故居陈列室精心布置了60多米长的展线，细分为“青少年时期”、“战争时期”和“新中国成立以后”三部分，展品包括从北京、广州、南充等地征集到的将军生前珍贵实物、文字史料、文史照片、绘画上千件，生动地再现了罗瑞卿的戎马生涯和辉煌业绩。

交通：成都双流国际机场及五块石汽车站均有直达南充的大巴（票价80元／人）
美食：川北凉粉，地址：南充市顺庆区文化路北湖公园，电话：（0817）6019915；佳客来杨鸭子，地址：南充市顺庆区莲池路，电话：（0817）2298388；张庄农家乐，地址：栖乐垭，电话：15908278905；仙客来农家乐，地址：华风，电话：13350253091
住宿：万泰大酒店，地址：顺庆区铁荣路2号，电话：（0817）2311888

邓小平故里

邓小平故居坐落于广安市协兴镇牌坊村的邓家老院子，建于清末，为普通农家三合院，占地 800 余平方米，有大小房屋 17 间，穿斗木质结构，青瓦粉壁，古朴典雅，庭院绿树成荫，翠竹掩映。这院子是经过了邓家祖辈三代人的努力方才建成，整个院子占地 833.4 平方米，共 17 间瓦房，解放前邓小平祖辈三代就住在这里，邓小平在此度过了 15 载难忘的童年和少年时光。

距邓小平故居 1 公里的翰林院子，是邓小平先祖清乾隆年间大理寺正卿邓时敏的旧宅，建于清代 1909~1911 年，童年的邓小平在此启蒙读私塾，并在此改名为邓希贤。

德政坊是清政府为表彰邓小平先祖邓时敏功德而赐造，始建于清嘉庆年间，毁于“文革”期间，2003 年 5 月重建。重建的德政坊根据原牌坊形制设计，高 12 米、宽 10 米、四柱三间，五重檐，立整石门柱，气派大方，巍峨雄壮。

距邓小平故居 3 公里是佛手山风景区，邓小平的祖母戴氏、生母淡氏等邓家先人的墓地就坐落于佛手山的半山腰处，为省级重点文物单位。佛手山满山遍野种植了广柑、柚子、蜜桃、枇杷等水果，一年四季群花争妍，瓜果飘香，成了远近闻名的花果山。

交通：城北客运中心、新南门车站、梁家巷车站有车发往广安（票价 75.5 ~ 86.5 元／人），市中区有公交车直达邓小平故居（票价 1 元／人）
费用：门票免费
美食：邓家菜是邓小平的家庭招待客人的菜谱，独具川东风味，主要特点是菜肴丰富，经济实惠，凉、炒、炖、蒸、烩齐全，老少皆宜；天赐园，地址：广安市协兴镇牌坊村，电话：（0826）7261888
住宿：广安岷山世纪大饭店，地址：广安市广安区思源大道 88 号，电话：（0826）2336666；天府饭店，地址：广安市广安区劳动街 1 号，电话：（0826）2330188
特产：广安盐皮蛋、龙台白酒、龙安柚等特产均可在当地购物中心买到

张爱萍故里

中华人民共和国成立后，张爱萍将军长期从事国防科学技术和国防工业战线的领导工作，是中国国防科技事业的杰出领导者，为中国“两弹一星”事业做出了重大贡献，被人们誉为“神剑将军”。

张爱萍故居是一座极具晚清川东民居特色的四合院，木刻雕花的窗棂、陈设古朴素净又不失典雅精致。故居前，张将军年幼时与奶奶一起种下的榕树已长成参天大树，枝繁叶茂。紧邻张爱萍将军故居的巴渠文化自然村，有着自然、古朴、野趣的巴渠文化特色，和集山、水、林、峡、洞于一体的自然旖旎风光。这块灵山宝地内空气清新，道路逶迤无尘，峡藏幽静，是一个远离喧嚣的好地方。

交通：成都到达州可在火车东站乘坐动车（票价 112 元／人）
美食：石磨豆花酒楼，地址：达州市通川区文华街 1 号，电话：（0818）2145959；王家水饺，地址：达州市通川区荷叶街 183 号总店，电话：（0818）2136778；紫云楼，地址：达州市通川区文华街 1 号，电话：（0818）2128761；达州仙女洞度假村，地址：达州市通川区高石村，电话：（0818）3841176
住宿：三星达州华夏大酒店，地址：达州市通州区大北街 184 号，电话：（0818）2128888
特产：达州的特产有渠县黄花、灯影牛肉、藤器、高台蜜柚、三汇特醋，可在市内超市或者农贸综合市场买到

体验田园

做一个"复得返自然"的人

中国人自古以来就有一种田园心态，陶渊明在《归园田居》中写道"户庭无尘杂，虚室有余闲。久在樊笼里，复得返自然"，现在的城市人何尝不是久在"樊笼"里？每天我们面对着水泥的囚笼，在现代化的高楼中过着脱离地气的生活，久而久之，人与人之间的隔阂便越来越大，小时候在农村里抓萤火虫，一大家子人傍晚时聚在一起乘凉的情形似乎已经远不可及。不只是感情，就连我们的感觉也似乎没了地气，有多久没有闻到过泥土的清香了？而我们的下一代在渐渐地变成五谷不分、时令不知的一代，即便不为自己也该为孩子，冲出城市的囚笼，适时地回归乡村、回归原野。

PART 1 乡村休闲活动

垂钓

钓鱼的乐趣在于抛竿钓鱼时充满希望的等待，然后鱼咬钩时猛提竿的激动。当满载而归，自己品尝着美味，又把一条条鱼送给亲友的时候，人与人的关系得到了融和，工作之余，三五个好友相约去垂钓的时候，一切的烦恼都抛之脑后，新的希望又将出现在眼前。垂钓，的确是一件美事。

南充升钟湖

中国西南第一湖，又名西水湖、升水湖、太子湖、百岛湖等，是国家 AAAA 级旅游景区，被世界旅游组织确定为中国西部最大的人造水资源。它地处剑脉山脉余脉，距古城阆中约 35 公里、距三国文化源南充 100 公里、距剑门古道约 100 公里，是川东北旅游线上山水相融的一处集观光、度假、休闲和水上娱乐于一体的理想去处。景区内湖水清纯可饮，两岸群山环抱，自然风景宜人，历史文化厚重，山乡民俗淳朴，生态环境极佳，各种水草和水生植物长势良好，枝叶茂盛。白鹭、苍鹭、水鸭、杜鹃等数十种鸟类在此筑巢安家，悠然生息繁殖，呈现一幅自然宁静的画卷，是"休闲的天堂、垂钓的乐园、体验的胜地"。此地每年举办升钟湖钓鱼文化节，在钓鱼比赛期间，举办鱼文化知识问答、渔具鱼饵展示销售、渔歌比赛、鱼类烹饪大赛和鱼苗投放及鱼放生等活动。

交通：成都西门汽车站乘大巴到南部县（票价 32 元 / 人），再换乘面包车到升钟湖

美食：临江一家美味鱼、升钟酸菜、升钟湖冷锅鱼、升钟卧龙鲊

住宿：升钟湖假日酒店，电话：（0817）5385999、（0817）5385666

特产：核桃、馓子、南部大桥豆瓣

简阳三岔湖

三岔湖是离成都最近的钓鱼场所，水面达 27 平方公里，湖周山区有幽美险峻的丹景山、张飞营、乾封庙、三峨眉、牛角寨、石洞沟和古老的摩崖石刻等景观，让垂钓者不仅有收获的欢乐，还有拥抱美丽山水的愉悦。

交通：成都城北客运中心乘大巴到简阳（票价 6.9 元 / 人）

美食：简阳羊肉汤

住宿：简阳三岔湖花岛度假酒店，电话：（028）27110111、27110333

特产：三星米花糖、草池的麻花、石桥的挂面

绿道骑行

人类发明的最高贵的交通工具便是自行车了，自行车够环保，不产生任何污染，它没有汽车快，但是正好让人可以细细品味身边的风景；它没有走路慢，恰好不用担心时间的流逝。

郫县绿道

轻骑于苗圃间的小径，两侧是油绿的麦浪、鲜红的丹枫、纯白的鸢尾、淡粉的玉兰，同时可以听听乡村的交响乐：簌簌的风拍树梢声、哗啦啦的竹林下的溪流声、毕毕剥剥的农家烧竹声，还有此起彼伏的蝉鸣与狗吠。骑累了，可以停下车，到农家小院里喝杯茶，杀盘棋，打圈麻将，抑或坐到溪边“洗洗”耳朵，看宽敞的河流激荡出的几许浪花，荡涤尘嚣，放空心灵……这不是《盛夏光年》里的花莲，也不是《非诚勿扰》里的北海道，这是郫县沙西绿道。

Tips

目前，郫县开通了两条绿道路线，总长 26 公里。路线一：盆景基地—蜀国鹃都—云凌花乡—乌木博物馆—鹿野苑石刻博物馆，长 13 公里。路线二：扬雄广场驿站—郫县友爱农科村—江安省水道绿廊，长 13 公里。路线一的主要特色是鲜花、盆景与文物，路线二沿水而建，主要特色在于河流与农田。

温江绿道

4 月，成都平原万物复苏，在郊区道路两旁的田野里全是嫩黄的油菜花，在这些花精灵周围的是勤劳的蜜蜂。沉睡了整个冬季的身体细胞开始复苏，这时候骑上单车，不紧不慢地游荡在优美的绿道，走走停停观花赏鸟，亲近田园，回归自然的生活方式只需要出发。

Tips

温江绿道由寿安镇、万春镇、和盛镇、金马镇和国色天乡度假旅游区五个团组组成，几乎所有的绿道都已连成一个整体，目前，区域内比较成熟的绿道共有 4 处，分别是：

1. 万春幸福田园绿道：位于万春镇境内，以绿园驿站为起点，沿江安河北接寿安绿道，南靠国色天乡乐园，全长 11 公里。沿线可观光廖家船、刘家大仓、李家烧坊、石鼓等遗址，游览占地 3000 余亩五彩缤纷的彩叶地被植物基地。

2. 寿安绿道：位于寿安镇境内，距成青旅游通道 3 公里，以长青湾驿站为核心，沿江安河畔绵延 9 公里，北与“西蜀第一祠”陈家桅杆、幽深秀美的乌龙岛相望，南接万春绿道。沿线可观光听泉瀑布、白鹭岛、河心雾岛等，可寻古鱼凫王墓、柏灌王墓及古时乡民祈神“止水”的止水庙遗迹。

3. 和盛花香天府绿道：位于温江城区西北 7.5 公里的和盛镇境内，全长 10.6 公里，地处金马河东岸、杨柳河西岸的温江现代农业种植区及成都国际科教艺术城片区。

4. 国色天乡绿道：在万春镇境内，距城区中心 3 公里，北临幸福田园绿道，西接和盛友庆田园绿道，全长 8 公里。

PART 2 舌尖上的诱惑

乡村美食在舌尖上的感觉一定和城市中的宴席不同，因为它能让人产生一种难以用语言形容的特殊诱惑，或许这是因为不经意的发现而带来的自我成就感。

牛佛烘肘子

牛佛镇上的多数馆子都在卖烘肘，只外卖不堂吃的却只有鱼市口“郭五”和“罗七”，两家烘肘店紧挨在一起，各做各的生意、各有各的买主。两家店前都摆着一排八仙桌，烘好的猪肘装在黄色搪瓷盆里，再一排排、一层层地摞在桌面上，犹如阅兵一样，场景蔚为大观。

郭五其人长得壮实，满脸红光，和那些油亮的烘肘相映成趣，往店前一站就是活招牌。当地人家但凡办席请客，都要上一个烘肘，当然是到镇上买的成品，省事，味道也更有保障。郭五说平时每天能卖两三百个，逢年过节则一天要卖掉五六百个。

“牛佛烘肘”源起于清代，据传康熙年间还是宫廷贡品，史称“碗碗烘肘”。郭五称，制作烘肘选料很讲究，需选用猪后肘，每个猪肘不得低于 2 斤半（约定俗成的定量，也是行规）。打整干净后，还得修理整形，再放到汤锅里，加入盐、红糖、料酒、酱油和多种香辛料，武火烧开，再文火烘 2~3 个小时。香辛料的品种和用量是关键，各家有各家的秘方。烘制时间也需掌握好，短了，肘子不入味，肉质口感差，时间长了又影响造型和色泽。

肘子烘好后，捡出来分装放在搪瓷小盆里，再灌满原汤。那汤富含胶质，冷却后就凝结成“冻”。当地人购买，直接放入塑胶袋便提走。如果带得远，店家则提供真空包装。

店名：郭五烘肘　**地址**：自贡市牛佛镇　**消费**：38 元／个
交通：成都城北客运中心和成都汽车总站均有到自贡的客车（票价 65 元／人）
住宿：雄飞锦绣花园酒店，地址：自贡解放路 200 号，电话：（0813）2112222；乐嘉商务酒店，地址：自贡自流井区五星街龙都广场，电话：（0813）2118111；龙城旅馆，地址：自贡市大安区，电话：（0813）2701623

店名：老地方
地址：金堂县二横道万安街
消费：人均50元左右

金堂鱼肴

金堂县境内水域辽阔，盛产各种淡水鱼，所以金堂人历来有吃鱼的习俗，而要想餐馆在金堂有所作为，那就得在烹鱼方面有独到的地方。“老地方”餐馆的厨师团队，以沱江产的各种鱼类做原料，在金堂率先推出了首烹鱼、翡翠生态鱼头、韭香雪花鱼等系列鱼肴。翡翠生态鱼头，选用的是沱江产大花鲢鱼头，下锅后加大量青椒烹制，鲜辣爽口；韭香雪花鱼，用的是净鱼片，将鱼片与大量的韭菜末一起下锅烹制，成菜的味道不仅清鲜，还带有韭菜独特的辛香味。而首烹鱼，则是把鲥鱼裹粉炸熟以后，再放到摆有滚烫鹅卵石的盘内，最后舀上现炒出来的味汁而成菜；此菜上桌后气氛很好，加上味道麻辣刺激，因此就成了最受客人欢迎的一道鱼肴。

都江堰田坝土鳝鱼

田坝土鳝鱼这家餐馆的鳝鱼有干煸和冷锅两种，冷锅鳝鱼和冷锅鱼相似，端上桌时并非冷冰冰的，大口径的土陶钵端上桌面，表面是红艳艳的干辣椒段，红亮的油面看似平静，其实下面却如岩浆暗涌，香辣味道一路飘逸，很快便扩散到了整个大厅的每个角落。各人按捺不住，各自拿出筷子，犹如拨草寻蛇突破辣椒花椒的层层封锁，从一汪红油中捞起油光闪闪的鳝鱼。鳝鱼口感极佳，嫩中带脆，滑中带韧。此菜看似极辣，其实不然，钵里的油应该是加大量香料炼过的，香味悠长厚重，而表面的那层干辣椒和花椒则是用热油炝香后再倒进去的，突出的是香辣。红亮的油水下面还潜伏着青笋、黄瓜、芹菜、藕片等素料，口感脆爽，且很入味。

小店其他推荐：干锅耗儿鱼，是该店的另一个招牌菜，与冷锅鳝鱼堪称双杰。大耗儿鱼斩成了厚块，表面炸得很干香，内里却极滑嫩，大量干辣椒、花椒、洋葱等赋予了它香辣刺激的味道，星星点点的芝麻又增添了香味和咀嚼时的口感，值得一吃。

地址：都江堰观景路浮水印长滩市场公司 20 号（原老养鹿场门口），电话：18080462389
消费：鳝鱼和耗儿鱼都论斤出售，每斤 68 元，人均消费 40 元左右

华阳老田坎土鳝鱼庄

“老田坎土鳝鱼庄”俨然是华阳左岸花都的领头羊，以生烹土鳝鱼、光头烧鸭子以及菌子汤面疙瘩这三道王牌菜傲视群雄。

鳝鱼够土，选用的是生长在河溪和田间的野生鳝鱼，肉质鲜嫩结实，鳝鱼主要有两种做法——生烹和干煸。生烹属“水”，鳝鱼段浸泡在浓香的特制红汤里上桌，入口脆嫩。干煸属“火”，炸得干香酥脆的，去骨黄鳝在满盘红辣椒的衬托下，显得分外火辣和刺激。

光头烧鸭子够奇，“光头”所指为圆溜溜的土豆，此为一奇；鸭肉斩得很碎，用油炸酥后，再与煮熟的土豆一起炒至翻沙，成菜后鸭肉与土豆混合在一起，你中有我，我中有你，此二奇也。

菌子汤面疙瘩够筋道，很好奇，厨师怎么能做出这样Q弹筋道的口感，确实相当“给力”。吃完面疙瘩后，汤也不要放过，那里面加了香菇、泡椒和酸菜，微酸咸鲜，非常可口。

地址：成都华阳左岸花都广场，电话：13568917338
消费：人均 40~60 元

洪雅藤椒钵钵鸡

麻辣是川菜最显著的一个味觉标志，花椒和辣椒是川菜调料中当之无愧的“绝代双骄”，它们总是连袂上演一出出的味觉好戏。到了洪雅,你绝对会对川菜的麻另眼相看。藤椒其实跟普通花椒一个样，都是一串串地结在树上的，但它和普通花椒也有不同，藤椒长大后不等变红，就需要摘下来炼油，藤椒油也不同于普通花椒油，麻味稍逊，但那股绵长的幽幽麻香味道，却是其他花椒无法与之相提并论的，现在藤椒已经成了洪雅的标志性产品之一。

藤椒不仅是洪雅的一宝，还有一种独特美食“藤椒钵钵鸡”。从外表看，藤椒钵钵鸡如素打扮的大家闺秀，口味幽麻鲜辣，清爽刺激。

洪雅有一家叫“么麻子钵钵鸡”的餐馆，那里的藤椒钵钵鸡味道最赞，吃藤椒钵钵鸡时，那味道简直惊为天味，另外，鸡皮、鸡肠、鸡脚、鸡胗等做出的钵钵鸡味道更是上乘。

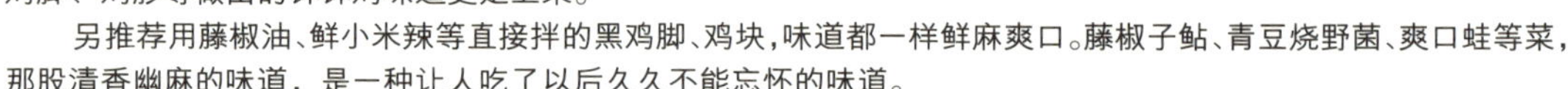

另推荐用藤椒油、鲜小米辣等直接拌的黑鸡脚、鸡块，味道都一样鲜麻爽口。藤椒子鲇、青豆烧野菌、爽口蛙等菜，那股清香幽麻的味道，是一种让人吃了以后久久不能忘怀的味道。

店名：么麻子钵钵鸡　**地址**：洪雅县人民路人民桥头，洪雅县止戈镇五龙村，电话：(028)37416688　**消费**：人均 50 元左右
交通：自驾车沿成都—G93—S7—S106—文化街—中正街；从新南门汽车站乘车（票价 38 元／人）
住宿：准四星洪雅洪州大酒店，地址：洪雅县志远路洪州大桥头；祥福居商务酒店，地址：柳江古镇车站十字路口往前 150 米；新雅旅馆，地址：洪雅县中正街 137 号

安岳柠檬风味宴

安岳是中国出了名的柠檬之乡，柠檬果实品质上乘。黄澄澄的柠檬，有如树上结出来的“黄金”。安岳厨师用柠檬创意制作出一道道特色美味佳肴，当地知名的餐饮企业“美食美味”设计制作的柠檬风味宴，真让人大开眼界。

在“美食美味”，一桌精致的柠檬宴，不管从外观上看，还是入口的口味，这些菜肴都可圈可点。比如，直接吃柠檬果肉的水晶柠檬；烹制过程中用柠檬汁来代替陈醋，从而烹制出柠檬里脊，让人想着牙齿都发酸；把柠檬皮切成块，与土鸡肉一起烹制成贵凤穿柠衣；把柠檬皮切丝，与酸菜和兔肉丝一起烹制成柠檬嫩兔；还有用柠檬果肉与风干排骨一起烹制的柠檬焖风排，成菜的口味都出乎意料。

另推荐传统的鸡豆花是不会加柠檬的，而“美食美味”的厨师在制作时却有意地加了柠檬汁，以起到去腥提鲜增白的作用。最后做出来的鸡豆花不仅丝毫吃不出酸味，而且味道异常鲜美。

店名：美食美味　**地址**：安岳县岳阳镇正北街 98 号　**消费**：人均 70 元左右　**交通**：自驾车沿成都—G76—G321—G319—普州大道—沱街—小西街；成都汽车总站每小时有一班车到安岳（票价 40 元左右／人）
住宿：三星级安岳宾馆，地址：安岳县岳阳镇正北街 105 号，电话：(028)24522888；二星级普州大酒店，地址：安岳县岳阳镇沱街 88 号；电力宾馆，地址：安岳县山门口巷 12 号

PART 3 采摘瓜果乐尝鲜

收获总是能给人带来幸福，这不仅是土地对人们辛勤耕作的回报，也是对未来生活的保证。对于游人来说，能亲自到田间地头采摘那些成熟的果实，品赏那些新鲜的美味，确实是一件美好的事。

3 月下旬
虽然 3 月还有些寒意，但此时双流县合江镇的 1000 亩无公害草莓已经成熟等待游人的采摘。

7 月
二荆条辣椒 / 地点：永安镇牧山二荆条辣椒专业合作社种植基地、黄龙溪东岳村、华严村、古佛村
龙星桃 / 地点：三星镇龙星村桃花山
葡萄、枇杷 / 地点：太平镇前进村
宝石梨 / 地点：正兴镇凉风顶村花果山巴适农家
梨 / 地点：籍田镇长征村 7 组、大林镇翠湖梨乡石庙景区
有机梨 / 地点：煎茶镇老龙村老虎沟
合江荔枝 / 地点：蜜溪乡、虎头乡

8 月
葡萄 / 地点：黄龙溪镇古佛村中心村双流农博园
有机梨 / 地点：煎茶镇老龙村老虎沟
梨 / 地点：大林镇翠湖梨乡石庙景区
红提葡萄 / 地点：永安镇红提园、游彬葡萄园、红提人家、永安镇红提葡萄专业合作社
有机葡萄 / 地点：彭镇羊坪村万亩葡萄园
金手指葡萄、绿宝石梨 / 地点：永安镇金果旺公司
红枣 / 地点：三星镇云崖村

9 月
葡萄 / 地点：黄龙溪镇古佛村中心村双流农博园
二荆条辣椒 / 地点：黄龙溪东岳村、华严村、古佛村
红提葡萄 / 地点：永安镇红提园、游彬葡萄园、红提人家、永安镇红提葡萄专业合作社
有机葡萄 / 地点：彭镇羊坪村万亩葡萄园
红枣 / 地点：三星镇云崖村

10 月
葡萄 / 地点：黄龙溪镇古佛村中心村双流农博园
红提葡萄 / 地点：永安镇红提园、游彬葡萄园、红提人家、永安镇红提葡萄专业合作社
红枣 / 地点：三星镇云崖村
有机草莓 / 地点：三星镇井石村

11 月，
葡萄 / 地点：黄龙溪镇古佛村中心村双流农博园
草莓 / 地点：合江镇南天寺村、天灯村、永兴镇莓香园、兴隆镇瓦窑新农村
芦柑 / 地点：大林镇斗匠湾村 2 组
有机草莓 / 地点：三星镇井石村

12 月
草莓 / 地点：正兴镇凉风顶村正兴驿站、合江镇南天寺村、合江镇天灯村、永兴镇莓香园、兴隆镇瓦窑新农村
芦柑 / 地点：大林镇斗匠湾村 2 组
有机草莓 / 地点：三星镇井石村

PART 4 特产制作的艺术

餐桌上那些"配角"如盐、酱油、豆瓣等，或者是厨房里的"幕后英雄"诸如筲箕、刷把、砂锅等，再或者是成都人交际的主角"茶叶"，都是经过多次的加工制作后才出现在人们的面前。让我们走进这些看似极易可得的物品的世界，你会发现原来它们是如此精彩。

郫县豆瓣

郫县豆瓣是川菜制作中的重要调料之一，在川菜很多味型的菜肴中都会使用到，如回锅肉、麻婆豆腐、水煮牛肉等都必须使用郫县豆瓣，所以郫县豆瓣被誉为"川菜之魂"。

郫县豆瓣产于四川省成都市郫县的唐昌、郫筒、犀浦等原 19 个乡镇，有 300 多年的历史，具有豆瓣酥脆化渣、酱脂香浓郁、红油红润有光泽、辣而不燥、黏稠适度，回味醇厚悠长的特点。

郫县豆瓣的制作中最重要的是白天要翻缸（就是搅拌翻动），晚上露放（露天放置），但注意避免雨淋。如呵护婴儿般对待豆瓣 40~50 天，直至豆瓣变为红褐色，最后加进碾碎的鲜辣椒末及盐，混合均匀，再经过 3~5 个月的贮存发酵，豆瓣酱方完全成熟。

好的豆瓣不仅需要优质的原材料和复杂的工艺，还需要长达近 1 年的时间进行自然发酵，才能吸天地之精华，滋味醇厚悠长。

先市酱油

合江先市镇属亚热带季风性湿润气候，年均温 18.2℃，年降水量 1184.2 毫米，无霜期长达 357 天，日照充足，昼夜温差大。独特的自然条件，使这一片大地盛产制作酱油的主要原料大豆等。其品质格外优质独特。

先市一带地质多为可溶性砂岩，其渗出的重碳酸盐型水，是酿制传统酱油最好的材料，而赤水河流域盛产的精竹，编织成的竹盖防水透气，为先市酱油酿制技艺关键用具的制作提供了便利的条件。

先市酱油从唐、清持续的摸索和创新形成了现在这一套有特定的法则、规程的技艺，先市酱油的主要工艺流程为：浸泡大豆—大豆入甑—蒸焖大豆（将大豆蒸 1 天，加盖焖 1 夜）—出甑—摊凉（将大豆冷却）—混合面粉—晾盖制曲—移曲料入缸—加盐水—日晒夜露（4~5 年后）—酱坯成熟，放入"秋子"浸出酱油—勾兑—灭菌—澄清—成品等，一共有数十道工序。先市酱油酿制技艺具有独树一帜的五大特行：采用"整粒大豆焖蒸法"处理主料；多菌种制曲发酵；高盐固稀发酵；长周期自然晒露；采用"秋子浸出法"提取酱油。这些特行，是先市酱油酿制技艺所独具的，甚至是不可模仿的。采用该酿造技艺所生产的先市酱油，具有"酱香浓郁，色泽棕红，体态澄清，味道鲜美"的独特风格，绝非普通酱油所能比拟！

荥经黑砂

荥经砂器是个古老的器物，不过随着近年来人们对健康的追求，这种古老的工艺又重新焕发了生机。

泥土变为砂器要经过粉碎、筛料、搅拌、制坯、晾晒、焙烧、上釉等数十道工序，而让荥经砂器变得更为健康的是在制作的黏土中按照 1:1 的比例搅拌混合了炭灰。活性炭有净化水质、过滤杂质的作用，而且在 1300℃的高温中还会形成对人体有益的远红外线。荥经黑砂这种传承了上千年一直说不清原理的用料特点，恰好符合了今天环保的理念。今天经过不断的探索和创新，荥经砂器不是仅有用来炖汤煎药的大家伙，还有精巧的黑砂茶壶，用这样的茶壶泡出来的茶水香味更纯，更精心。

蒙顶山上茶

公元前 53 年，茶祖吴理真在蒙顶山首开人工植茶先河。蒙山茶有近 1200 年的贡茶历史，“扬子江心水，蒙山顶上茶”的千古诗句和延绵千年的贡茶绝唱，彰显着蒙山茶的尊贵品质。同时，雅安是茶马古道的起点，是历史最悠久、产量最大的藏茶生产基地。每年 3 月底，在世界茶文化圣山蒙顶山上，“蒙顶山国际茶文化艺术节”便隆重登场。在蒙顶山可以看到很多背着竹篓的采茶人，数小时辛勤劳动采集的鲜叶经过数道工序制成蒙顶山绿茶后并没有多少，正由于如此，所以这些蕴含了辛劳的茶喝起来才格外清醇。

分水油纸伞

分水油纸伞起源于明末清初年间，至今已有 400 多年历史。泸州市分水油纸伞厂是中国仅存的唯一一家保持桐油、石印传统工艺的纸伞生产企业，油纸伞传统制作技艺被专家誉为“中国民间伞艺的活化石”，也是目前油纸伞行业中唯一的“国家级非物质性文化遗产”，中央电视台曾专题采访报道。

伞骨选用蜀南竹海等地海拔 800 米以上的深山老楠竹，韧性大、弹力强，并经防霉、防蛀等工序处理，伞面选用拉力强的特制手工皮纸，根据中国民间传说和故事，绘有“龙凤呈祥”、“二龙戏珠”、“仙女散花”、“蝴蝶恋花”等图案，也可根据客户要求印制各种图案（戏剧脸谱、年画、剪纸、山水风光）、企业标志等，印制方法采用古老的传统手工石印，所印图案千姿百态，栩栩如生，细细观赏，妙趣横生，最后在伞面刷上绿色环保的特制桐油，无论日晒雨淋，都不破裂、不褪色、不变形，经久耐用，生态环保。最具特色的“满穿伞”用五色丝线穿、渡 2000 多针，竹跳开关，一片双档，堪称伞中绝活，具有浓郁的乡土气息和传统的民间工艺特色，是理想的生活、旅游及室内装饰工艺品，集装饰、实用、收藏于一体。

油纸伞文化历史悠久，内涵丰富，寓意美好吉祥，自古深受人们喜爱，“油纸”与“有子”谐音，圆形伞面寓意美满、团圆、平安，竹制伞架寓意节节高升，自古油纸伞下演绎了不知多少经典爱情故事，油纸伞成了恩爱、浪漫的代名词。

地址：泸州市江阳区分水岭乡社区金凤路 98 号，电话：（0830）3620077

古蔺郎酒

四川自古便是名酒产地，如宜宾五粮液、泸州老窖、古蔺郎酒等，其中古蔺郎酒的正宗产地是古蔺县二郎滩镇，此镇地处赤水河中游，四周崇山峻岭，就在这高山深谷之中有一清泉流出，泉水清澈，味甜，人们称它为“郎泉”，因取郎泉之水酿酒，故名“郎酒”。古蔺郎酒已有100多年的酿造历史，据有关资料记载，清朝末年，当地百姓发现郎泉水适宜酿酒，开始以小曲酿制出小曲酒和香花酒，供应当地居民饮用。1932年，由小曲改用大曲酿酒，取名“四沙郎酒”，酒质尤佳。从此，郎酒的名声越来越大，声誉也越来越高，特点为酒液清澈透明，酱香浓郁，醇厚净爽，入口舒适，甜香满口，回味悠长。

古蔺郎酒在酿造流程上，继承和发扬传统工艺，采取分两次投料，反复发酵蒸馏，七次取酒，郎酒一次生产周期为9个月，每次取酒后，分次、分质贮存，封缸密闭，送入天然岩洞中，待3年后，酒质香甜，再将各次酒勾兑调味，经过品质鉴定，合格后方可装瓶包装出厂。

喜德彝族漆器

凉山州是我国最大的彝族聚居区，喜德县乃彝族漆器的发源地。喜德彝族漆器源起于米市阿普如哈吉伍家族，世代传袭，发展至今已有700多年历史，在当地工匠甚多，几乎人人皆可制作，户户皆为作坊，其产品具有浓郁的殷商漆器特点和深厚民族民间特色。彝族漆器十分讲究整体图案和色彩效果，不论纹饰繁简，均以一心控制全局，结构严谨，均匀简洁，明快清朗，匀称不乱。彝族漆器制作时将材料脱脂去性，使其耐酸碱、无毒、无异化，再以车、绷、拉、剜、削等工序制成坯，涂以生漆，这便是素漆。另一种为彩漆，较素漆名贵，也最为普遍。髹以土漆，土漆是生漆分别加朱砂、银珠、石黄、锅烟天然原料调成红、黄、黑三色（彝族三原色），进行描饰。红色代表勇敢、热忱、喜悦和追求；黄色代表光明、富裕、健康和平安；黑色代表庄重、严谨和高贵。红、黄、黑三色巧妙搭配，间隔使用，色彩明快艳丽，无过渡色和混合色。彩绘漆器纹饰繁杂而有序，活泼而细致，简洁明快而又刚劲豪放，瑰丽典雅而庄重古朴。漆器纹饰制作方法有描绘、雕刻、镶嵌和堆漆四种，纹饰大多自然写实，直接模拟，如以日、月、山、河、牛眼、羊角、鸡冠、虫蛇、火镰、矛头、经纬线、栅栏纹、指甲纹等基本图形绘成自然风物形状，生产、生活场景等图案。将这些自然模拟的纹饰加以规范化、连续化，便形成了喜德彝族一整套图谱别具一格的特色：红得火烈，黄得艳丽，黑得浓重。

安靖蜀绣

蜀绣又称“川绣”，是以四川成都为中心的刺绣品的总称，产于四川成都、绵阳等地。蜀绣与苏绣、湘绣、粤绣齐名，为中国四大名绣之一。蜀绣以软缎、彩丝为主要原料，其绣刺技法甚为独特，至少有100种以上精巧的针法绣技，如五彩缤纷的衣锦纹满绣、绣画合一的线条绣、精巧细腻的双面绣和晕针、纱针、点针、覆盖针等都是十分独特而精湛的技法。当今绣品中，既有巨幅条屏，也有袖珍小件；既有高精欣赏名品，也有普通日用消费品。比如北京人民大会堂四川厅的巨幅“芙蓉鲤鱼”座屏和蜀绣名品“蜀宫乐女演乐图”挂屏、双面异色的“水草鲤鱼”座屏、“大小熊猫”座屏，就是蜀绣中的代表作。安靖村地处郫县东南端，古称太平村，安靖镇始终以“打造蜀绣之乡、振兴蜀绣产业、实现居家灵活就业”为目标，先后成立了蜀都绣娘专业合作社、郫县蜀绣产业商会。

怀远藤编

地处崇州市西北部的怀远古镇历来被誉为“藤编之乡”，这里位居平坝和山地交界处，有丰富的野生藤条资源，而且由于是都江堰、崇州、大邑三地交通枢纽，自古商贸发达，非常有利于藤编技术的推广和藤编商品的交易。

怀远藤编起源于三国时期，根据晋代崇州籍的著名史学家常璩在《华阳国志》中记载，三国时期，怀远镇有一个姓马的工匠，心灵手巧，善于手工制作各种器具。有一次他上山打柴，发现山上的野生藤条特别光滑坚韧，很适合编织东西，于是他就砍了很多藤条回家，尝试编织各种各样的器具，经过反复实验，他发现使用晒干的藤条来编织器物效果不佳，于是发明了水泡藤条法。他手工编织成形的第一件产品，是一件龙塌式的坐具，里面的支架使用的是高山翠竹，外面则是细密而缠绕有方的藤条，这个坐具经过马氏熏蒸，颜色变得金黄透亮，就跟宫廷里皇帝用的黄金制作的龙榻差不多。

在希望的田野上

人类的生活离不开主食，稻米、小麦这些一颗颗作物的种子被我们的祖先采集后，将人类带离了游牧状态，从此人类的历史进入一个新的篇章。

翻看中国历史，经济中心从北方逐渐转移到南方的过程，恰恰也是大多数中国人的主食由面食转向大米的过程。就人们自身而言，无论大米还是面粉，经转化加工而来的食物，不仅为身体提供了必要的热量，更让胃有了幸福感，而油菜提炼的食用油则为人体提供了必需的脂肪酸，经过食用油加工炒熟的各类食材，成为现在人类餐桌上的各色美味，油菜所带来的不仅是生存的必需，更是生活品质的提高。

让我们踏上四川这块土地，深入希望的田野，亲自采摘，亲自收集这些生于土地，产自乡村的可爱精灵。走向心灵的深处，回归自然的状态，让在城市中干枯的身体接一接地气，自然感受大地母亲无限的爱。

乡村旅游，不仅是走进农村，更是一次心灵的旅行！

四川好玩书系

醉美乡村

责任编辑：朱轶佳　neverland1220@hotmail.com
　　　　　于佳宁　freyalise_mage@hotmail.com
责任印制：冯冬青

图书在版编目（CIP）数据

四川好玩. 醉美乡村/《醉美乡村》编采组编著. --北京：中国旅游出版社，2013.1

ISBN 978-7-5032-4548-0

Ⅰ.①四… Ⅱ.①醉… Ⅲ.①乡村—旅游指南—四川省 Ⅳ.①K928.971

中国版本图书馆CIP数据核字（2012）第236169号

书　　名：四川好玩——醉美乡村

作　　者：《醉美乡村》编采组
　　　　　策　　划：刘乾坤
　　　　　撰　　稿：刘乾坤　李　坤　杜权亮　吴箐华
　　　　　编　　辑：黄　红　夏璐璐
出版发行：中国旅游出版社
　　　　　（北京建国门内大街甲9号　邮编：100005）
　　　　　http://www.cttp.net.cn　E-mail:cttp@cnta.gov.cn
　　　　　营销中心电话：010-85166503
排　　版：北京中文天地文化艺术有限公司
经　　销：全国各地新华书店
印　　刷：北京金吉士印刷有限责任公司
版　　次：2013年1月第1版　2013年1月第1次印刷
开　　本：720毫米×970毫米　1/24
印　　张：8
字　　数：100千
定　　价：35.00元
I S B N　978-7-5032-4548-0
